自分の本質を知る

銀河のマヤツォルキン

「もう1つの時間」で量子テレポーテーションを起こす

［著］秋山広宣

［人の質編］

相互次元的な銀河の周波数としての

TZOLKIN《ツォルキン》

赤い竜	1	21	41	61	81	101	121	141	161	181	201	221	241
白い風	2	22	42	62	82	102	122	142	162	182	202	222	242
青い夜	3	23	43	63	83	103	123	143	163	183	203	223	243
黄色い種	4	24	44	64	84	104	124	144	164	184	204	224	244
赤い蛇	5	25	45	65	85	105	125	145	165	185	205	225	245
白い世界の橋渡し	6	26	46	66	86	106	126	146	166	186	206	226	246
青い手	7	27	47	67	87	107	127	147	167	187	207	227	247
黄色い星	8	28	48	68	88	108	128	148	168	188	208	228	248
赤い月	9	29	49	69	89	109	129	149	169	189	209	229	249
白い犬	10	30	50	70	90	110	130	150	170	190	210	230	250
青い猿	11	31	51	71	91	111	131	151	171	191	211	231	251
黄色い人	12	32	52	72	92	112	132	152	172	192	212	232	252
赤い空歩く人	13	33	53	73	93	113	133	153	173	193	213	233	253
白い魔法使い	14	34	54	74	94	114	134	154	174	194	214	234	254
青い鷲	15	35	55	75	95	115	135	155	175	195	215	235	255
黄色い戦士	16	36	56	76	96	116	136	156	176	196	216	236	256
赤い地球	17	37	57	77	97	117	137	157	177	197	217	237	257
白い鏡	18	38	58	78	98	118	138	158	178	198	218	238	258
青い嵐	19	39	59	79	99	119	139	159	179	199	219	239	259
黄色い太陽	20	40	60	80	100	120	140	160	180	200	220	240	260

西暦			1月	2月	3月	4月	5月	6月	7月	8月	9月	10月	11月	12月
1909	1961	2013	217	248	16	47	77	108	138	169	200	230	1	31
1910	1962	2014	62	93	121	152	182	213	243	14	45	75	106	136
1911	1963	2015	167	198	226	257	27	58	88	119	150	180	211	241
1912	1964	2016	12	43	71	102	132	163	193	224	255	25	56	86
1913	1965	2017	117	148	176	207	237	8	38	69	100	130	161	191
1914	1966	2018	222	253	21	52	82	113	143	174	205	235	6	36
1915	1967	2019	67	98	126	157	187	218	248	19	50	80	111	141
1916	1968	2020	172	203	231	2	32	63	93	124	155	185	216	246
1917	1969	2021	17	48	76	107	137	168	198	229	0	30	61	91
1918	1970	2022	122	153	181	212	242	13	43	74	105	135	166	196
1919	1971	2023	227	258	26	57	87	118	148	179	210	240	11	41
1920	1972	2024	72	103	131	162	192	223	253	24	55	85	116	146
1921	1973	2025	177	208	236	7	37	68	98	129	160	190	221	251
西暦			1月	2月	3月	4月	5月	6月	7月	8月	9月	10月	11月	12月
1922	1974	2026	22	53	81	112	142	173	203	234	5	35	66	96
1923	1975	2027	127	158	186	217	247	18	48	79	110	140	171	201
1924	1976	2028	232	3	31	62	92	123	153	184	215	245	16	46
1925	1977	2029	77	108	136	167	197	228	258	29	60	90	121	151
1926	1978	2030	182	213	241	12	42	73	103	134	165	195	226	256
1927	1979	2031	27	58	86	117	147	178	208	239	10	40	71	101
1928	1980	2032	132	163	191	222	252	23	53	84	115	145	176	206
1929	1981	2033	237	8	36	67	97	128	158	189	220	250	21	51
1930	1982	2034	82	113	141	172	202	233	3	34	65	95	126	156
1931	1983	2035	187	218	246	17	47	78	108	139	170	200	231	1
1932	1984	2036	32	63	91	122	152	183	213	244	15	45	76	106
1933	1985	2037	137	168	196	227	257	28	58	89	120	150	181	211
1934	1986	2038	242	13	41	72	102	133	163	194	225	255	26	56

KIN早見表　～KINの求め方～

① 年(西暦)と月の交わる数字を上記の表から探します。

② 該当する数字と日にちを足し合わせたものが、
そのKINになります。

※ 2月29日の場合は、2月28日として数えてください。
※ 出てきた数字が260より大きくなる場合は、260を引いてください。
※ 早見表にない西暦の年を調べたい場合は、52の倍数を足し引きしてください。

西暦			1月	2月	3月	4月	5月	6月	7月	8月	9月	10月	11月	12月
1935	1987	2039	87	118	146	177	207	238	8	39	70	100	131	161
1936	1988	2040	192	223	251	22	52	83	113	144	175	205	236	6
1937	1989	2041	37	68	96	127	157	188	218	249	20	50	81	111
1938	1990	2042	142	173	201	232	2	33	63	94	125	155	186	216
1939	1991	2043	247	18	46	77	107	138	168	199	230	0	31	61
1940	1992	2044	92	123	151	182	212	243	13	44	75	105	136	166
1941	1993	2045	197	228	256	27	57	88	118	149	180	210	241	11
1942	1994	2046	42	73	101	132	162	193	223	254	25	55	86	116
1943	1995	2047	147	178	206	237	7	38	68	99	130	160	191	221
1944	1996	2048	252	23	51	82	112	143	173	204	235	5	36	66
1945	1997	2049	97	128	156	187	217	248	18	49	80	110	141	171
1946	1998	2050	202	233	1	32	62	93	123	154	185	215	246	16
1947	1999	2051	47	78	106	137	167	198	228	259	30	60	91	121
西暦			1月	2月	3月	4月	5月	6月	7月	8月	9月	10月	11月	12月
1948	2000	2052	152	183	211	242	12	43	73	104	135	165	196	226
1949	2001	2053	257	28	56	87	117	148	178	209	240	10	41	71
1950	2002	2054	102	133	161	192	222	253	23	54	85	115	146	176
1951	2003	2055	207	238	6	37	67	98	128	159	190	220	251	21
1952	2004	2056	52	83	111	142	172	203	233	4	35	65	96	126
1953	2005	2057	157	188	216	247	17	48	78	109	140	170	201	231
1954	2006	2058	2	33	61	92	122	153	183	214	245	15	46	76
1955	2007	2059	107	138	166	197	227	258	28	59	90	120	151	181
1956	2008	2060	212	243	11	42	72	103	133	164	195	225	256	26
1957	2009	2061	57	88	116	147	177	208	238	9	40	70	101	131
1958	2010	2062	162	193	221	252	22	53	83	114	145	175	206	236
1959	2011	2063	7	38	66	97	127	158	188	219	250	20	51	81
1960	2012	2064	112	143	171	202	232	3	33	64	95	125	156	186

大正の場合は、年号の数字にプラス 1911

大正 13 年なら、13＋1911＝1924　なので 1924 年。

昭和の場合は、年号の数字にプラス 1925

昭和 40 年なら、40＋1925＝1965　なので 1965 年。

平成の場合は、年号の数字にプラス 1988

平成 15 年なら、15＋1988＝2003　なので 2003 年。

令和の場合は、年号の数字にプラス 2018

令和 6 年なら、6＋2018＝2024　なので 2024 年。

カバーデザイン　森　瑞（4Tune Box）
校正　齋藤温子
本文仮名書体　文麗仮名（キャップス）

はじめに

精神世界やスピリチュアルに興味がある人たちの間で、2008年くらいから「マヤ暦」が流行り始めました。

ここで言うマヤ暦とは、実はマヤ文明の時代から現在まで伝統的に継承されるマヤ暦ではなく、高次元からの宇宙情報としての「銀河のマヤツォルキン」を指しますが、マヤ文明のマヤ暦と誤解されています。

わたしが銀河のマヤの活動を始めた2005年ごろは、ホゼ博士のツォルキンを用いて、セミナーや講演会、個人セッションを行うような人は全く存在しませんでした。

それが、いまや、多数のマヤ暦メソッドが存在し、それぞれオリジナルの展開をしています。

わたしが主宰する「あすわ」も、それらマヤ暦メソッドのうちの一派のようなイメージがあるかもしれません。

わたしが行っているマヤ個人セッションやセミナーなどは、果たして秋山メソッドと呼べるものなのでしょうか？

いいえ、秋山メソッドではありません。

そもそもの話、ツォルキンとは、8次元の銀河連盟から情報を受け取っていたメキシコ系アメリカ人のホゼ・アグエイアス博士が、宇宙の根源的なコードを目に見える形に可視化したものです。

1980年代当時、ホゼ博士の世界各地を旅して行われた改暦活動は、大きなムーブメントを巻き起こし、多くの地球人に知られることとなりました。

銀河のツォルキンと共に、もう1つ、ホゼ博士を通して世界中の人々に知れわたることになったのが、1987年8月に開催されたハーモニック・コンバージェンス（世界平和の祈り）でした。

日本にホゼ博士の銀河のマヤが紹介されたのは1995年で、天体周期研究家の高橋徹さんご夫妻と、その仲間の人たちの尽力によるものでした。

当時、新しい時代のカレンダーは、精神世界に関心のある人たちの間でも一部に知られるだけのような状況でした。

銀河のマヤツォルキンに表される、「20ある太陽の紋章」や「13ある銀河の音」を、世界で初めて、人に当てはめて研究をしたのは、謎のツォルキン研究家メムノシス・Jr.氏でした。

6年間ほどの研究と検証を重ねたメムノシス・Jr.氏は、ツォルキンに現れるシンクロニシティに一定の法則性を確立するに至りました。

このような研究、検証を行った人は世界的に見てもメムノシス・Jr.氏だけかと思われます。

しかし、残念なのは、メムノシス・Jr.氏は、本来の銀河のマヤの宇宙情報とはかけ離れた、占い的な角度からツォルキンを捉えていたことでした。

わたしは、当初、銀河のマヤをそれほど大々的に広めるつもりはありませんでした。セミナーや個人セッションなどはしていましたが、クチコミで「知る人ぞ知る」のような感じで、地味な活動を展開していました。

しかし、2011年3月の東日本大震災が起きた直後にホゼ博士が亡くなられて、それからしばらく経った11月に、青天の霹靂のような出来事がありました。

亡くなられたはずのホゼ博士からアプローチがあったのです。

それは、「本来の宇宙情報を広められる人がいないのです。広めてもらえるとありがたい」という旨のものでした。

在日宇宙人として有名なスピリチュアルリーダーのはせくらみゆきさんを通して、ホゼ博士の意識体とやり取りをするという、にわかには信じがたいことが始まりました。

はせくらみゆきさんがホゼ博士からのメッセージを伝える媒体役となって行われたやり取りは、地球時間で２０１１年11月から２０１３年７月まで、２年間ほど続きました。

ホゼ博士から直接にツォルキンを取り扱うに際して大切なことや、必要なレクチャーを受けさせてもらいました。

その約２年間のやり取りは、いま現在でも千鈞の重みを増し、さらに輝きを放ち続ける、稀有で素晴らしい時間でした。

はせくらみゆきさんとは、２０１３年７月26日ＫＩＮ１６４に開催された「銀河の同期ポイント大集会」をご一緒していただいたのを最後に、それぞれの道に戻りました。

そのような経緯があり、２０１４年からは、自分自身で本格的な発信と、銀河のマヤの普及活動を始めました。

当時、ホゼ博士の意識体からのメッセージとして伝えられたことは、「自分自身の波形を美しく保つことに誠実になること」と『20ある太陽の紋章』や『13ある銀河の音』それぞれのキーワードの周波数を変えないこと」というものでした。

銀河連盟からの情報を、いかに多くの人たちに分かりやすく伝えるのか？　がカギとなると思い、これまで活動を続けてきました。

ですので、秋山が進めている活動や伝えていること、行っているセッションは、秋山が独自の研究の上で体系づけたメソッドではなく、あくまで高次元からの銀河のマヤの宇宙情報を翻訳・通訳している行為と言えるものだと捉えています。

本書は、2005年から現在も行っているマヤ個人セッションを続けてきた中で垣間見たことを、総合的にまとめ、「人の持つ質的な部分」を言語化したものです。

「銀河のツォルキン」には、実にさまざまな情報が、コード化され、内包されてあります。もともと立体的なものを平面として表したツォルキンは、多層的な構造をしています。

1層目の情報は、世の中にも流通していますが、2層目、3層目、4層目と、深く見ていく「見方」があります。

ツォルキンで読み解ける数ある情報の中から、本書では「20ある太陽の紋章」に関する「人の質」に焦点を当てました。

これまで他のツールは一切用いず、「銀河のツォルキン」だけでマヤ個人セッションをさせてもらってきました。

そうした中で検証してきたことの「実践表現」と呼べるものが本書の内容です。


「銀河のツォルキン」には、高次元からの宇宙情報が記されてあります。

高次元からの宇宙情報の中に、「人の持つ質」などというものが記されてあるなんて、何だかおかしな話だなと思われるかもしれません。

直接に、「人の質」という情報が記されてあるわけではなく、ツォルキンに記されてある情報をもとに、経験的に見えてきたことがあるわけです。

なので、あくまでも個人的な見解になるのですが、自分の中だけでしまっておくのではなくて、公開して多くの人に知っていただきたいと思いました。


本書を書き始めた当初は、自分自身の研究したことの成果を発表する想いで書き進めていました。

しかし、どういうわけか、しっくりくる文章が書けません。

そのような期間がずいぶんと長く続きました。

本来であれば、もっと早くに出版できる予定でしたが、納得のいく文章が書けないのですから、どうすることもできません。

結果的に、出版社さんを待たせる形になってしまい、大変失礼をしてしまいました。

そのようにモヤモヤしていたある時、「自分の研究を発表する」という想いで文章を書くのではなくて、「この本を読んでくださる読者の方々が、自分自身のことを自己肯定することができて、笑顔になってくれると良いなぁ」という意識に変わった途端、スラスラと文章が出てくるようになりました。

ですので、この本に書いてあることを読まれて、「わたしはわたしのままで良かったんだ」と思えるようになり、笑顔になっていただけると本望です。

どうか、自分のことを全肯定するために、本書をお使いください。

量子テレポーテーションが起きている

わたしがマヤ個人セッションをしている理由は、ただ単に占いや当て物感覚で楽しんでもらいたいためではありません。

もちろん、何事も楽しくないと頑なになってしまいますので、楽しむ要素は随所に取り入れているつもりです。

3時間から3時間半のセッションを受けてくださった方々が、「アッという間だった」と言われるのは、楽しいと感じることをしている時に、人は時間を短く感じるためです。

正論を振りかざし、自分の正当性を熱く語ったところで、その意識の周波数は低振動ですので、そのような発振はお互いにとって良くないことは明らかです。

では、ただ単に楽しんでもらいたいだけではなく、何をしたくてセッションをしているのか？　をお伝えしますと、量子テレポーテーションを起こしたくて、マヤ個人セッションをしています。

量子論（量子力学）という言葉を耳にされたことがあるかと思います。

現代物理学として捉えると、何だか難しそうなイメージを抱かれるかもしれませんが、量子論の世界は、現代科学ではいまだ説明がつかないようなことを科学的に証明できる分野として注目されています。

例えば、「願えば必ず叶う」であるとか、「ひと晩でガンが消えた」とか、「自分が変われば周りも変わる」など、説明することが難しいことや、これまで観念論として捉えられていたことが、物質の最小単位である素粒子の研究から、徐々に明らかになってきています。

マヤ個人セッションをしていると、幼少期から歩んできた人生の中で、ご両親や周囲によって形成されてしまった自己否定感や被害者意識を持つ人も来られます。

そのようなご本人自身で短所と思い込んでいる、自分の性格的な部分が、実は自分自身が「今世の役割」として、自ら望んで選び、演じている「質（ベース）」だったのだということが個人セッションによって分かります。

そして、その「質」を最大限に引き出してくれる親を選んで生まれてきたことが分かることで、自己否定から自己肯定に、自分自身に対する観測が変わります。

観る世界が変わると、その意識はそのまま現実に影響を及ぼし、現象がプラスに転じ始めるのです。

また、セッションでご家族や知り合いとの「干渉関係」を紐解いてご説明すると、「そうだったのか！　なるほど……」と、腑に落ちると言われる人も多いです。

不思議なのは、その人が帰宅すると、家族の雰囲気や態度も変わっているということをよく聞きます。

これは、家族や相手に対するご本人の見方（観測）が変わったことによって、量子力学的には量子テレポーテーションが起きたと言えるわけです。

量子テレポーテーションでは、コインを転がして表が出たら、その反対は当たり前に裏ですが、表の反対は裏であることは、当然、最初から決まっていることなのですが、表が出たら反対は裏、裏が出たら反対は表というこの現象は、たとえ宇宙の彼方10万光年離れていたとしても、瞬時に起こるとされています。

瞬時という言い方をすると、数秒のタイムラグがあるように思いますが、時間は関係なく同時に起こります。

表の反対側が裏ということにタイムラグは存在しないためです。

マヤ個人セッションでご本人が家族や知り合いに対する観測が変わった瞬間、自宅にいる家族も同時に変わっているのです。

また、「人生の波（人生の流れ）」をお伝えすることで、自分自身がこれから歩む道がざっくりとではありますが見えてきます。

「これからの人生が楽しみになってきました」とご本人がワクワクされた瞬間に、その後訪れる未来は、ポジティブな世界として展開し始めるわけです。

マヤ個人セッションは3本柱で、今世の役割、ご家族や気になる人とのご関係、人生の波（人生の流れ）を、結構な時間をかけてきちんとお伝えしています。

それは、ご本人のこれまで観ていた自分自身に対して、家族（気になる人）に対して、自分自身の未来に対して、観る方法（観測）が変わることで、量子テレポーテーションが起こり、これまでとは異なるパラレルワールドと共振することになるからです。

観測が変われば現象が変わるというのが、量子論（量子力学）の根幹なのです。

このような想いで、マヤ個人セッションを続けています。

ですので、本書で自分自身や周りの人たちの太陽の紋章が持つ「質（ベース）」を知ることで、自分という存在を肯定することができたり、周りの人たちに対する見方が変われば、観測が変わりますから、あなたや周りの現実をポジティブに変えることができるわけです。

ぜひ、そのように本書の情報を活用いただければと思います。
もちろん、楽しむことも忘れずに！

銀河時間　白い倍音の魔法使いの年　太陽の月４日　ＫＩＮ１４１
地球時間２０２４年３月10日に

秋山広宣

目次

はじめに 5

量子テレポーテーションが起きている 12

第1章 古代マヤと銀河のマヤの本当の話

古代マヤと銀河のマヤ 24
銀河のマヤとは何か？ 29
ツォルキンとは何なのか？ 34
メムノシス・Jr.という人物について 37
ホゼ・アグエイアス博士が受け取っていた宇宙情報 43

古代マヤにおける20のナワール 46

第2章 自分自身の宇宙の誕生日を知る

KINを導き出す 52
ツォルキンを見ながらKINを展開する 58
GAP《ギャップ》キンについて 66
太陽の紋章が前と後ろにあることによって 68

第3章 人との振動数の干渉度合いを知る

ドリームスペル・オラクル・ガイド 84
「日」の捉え方について 91
「人」の捉え方 99
電波の干渉について 100
干渉とは？ 104

人を見るということ　106
類似キン　108
神秘キン　110
反対キン　114
ガイドキン　118
何も関係性が見出せない場合　122
20ある太陽の紋章の質を、それぞれ反対キンで見ていく　133

第4章 「20ある太陽の紋章」が教えてくれる「人の持つ質」

赤い竜　138
青い猿　143
白い風　149
黄色い人　154
青い夜　160

赤い空歩く人　166
黄色い種　172
白い魔法使い　179
赤い蛇　185
青い鷲　191
白い世界の橋渡し　197
黄色い戦士　203
青い手　209
赤い地球　216
黄色い星　221
白い鏡　226
赤い月　232
青い嵐　237
白い犬　243
黄色い太陽　250

エピローグ　257
何のために「20ある太陽の紋章」の人の質を知るのか？　257
ツォルキンの学は未来の可能性をひらく　259
終わりに　262
参考文献　269

第1章

古代マヤと銀河のマヤの本当の話

古代マヤと銀河のマヤ

まず、初めに、マヤ暦について話したいと思います。

日本で、「マヤ暦」と呼ばれているのは、巻頭カラーページ①の図表です。

日本のみならず、海外でも、マヤ暦と認識されています。

日本の裏側メソアメリカのマヤ文明圏にあるマヤ暦は、いまのところ20種類ほど発見されています。

しかし、世界的に有名なマヤ暦は、ツォルキンと呼ばれる260日周期のカレンダーです。

マヤ暦と認識されている巻頭カラーページ①のツォルキンですが、いまから2000年ほど前に栄えたマヤ文明の人たちが使っていたと言われる割には、ずいぶんカラフルではありませんか？

2000年前から、このようなキレイなカレンダーがあったわけではありません。

ツォルキンは、1990年にアメリカ人の1人の博士によって提唱されたカレンダーなのです。

図表の左側に並んでいる、20の象徴のようなマークがありますが、これら１つひとつに、「Red Dragon　赤い竜」「White Wind　白い風」「Blue Night　青い夜」「Yellow Seed　黄色い種」……と名前をつけたのも、そのアメリカ人の博士でした。

マヤ文明の時代に使われていたマヤ暦とは、全く違う形に変えてしまったのです。

ですので、日本でも、海外でも、マヤ暦として有名なツォルキンは、マヤ文明のマヤ暦ではないということになります。

読者の皆さんは、マヤの考古学者ではないでしょうから、２６０のマトリクスであるツォルキンを「古代マヤ暦」「古代文明のカレンダー」「マヤの神官が使っていた聖なる暦」と誤解されていたとしても、それは仕方のないことかもしれません。

しかし、本書で論じる２６０のマトリクスは、マヤ文明のマヤ暦とは別物です。

マヤ暦とは、マヤ文明の栄えた時代から、２千数百年もの間、現在も、マヤの末裔の先住民たちによってカウントされ続けている、マヤ系先住民族の人たちが大切に先祖代々受け継いでいる暦のことです。

対して、本書で論じる260のマトリクスは、メキシコ系アメリカ人のホゼ・アグエイアス博士によって、1990年に提唱された、博士オリジナルのカレンダーです。

マヤ文明のマヤ暦とは異なるものなのです。

ホゼ博士は、後にも先にも、地球人でそのような領域とつながり情報を降ろせる人は、非常に稀有というか、ほとんど存在しないであろうというような、とんでもない領域とつながっていた人でした。

ホゼ・アグエイアス博士

ホゼ博士がつながっていた領域は、8次元でした。よく、「プレアデスは5次元」とか、「シリウスは6次元」などと言われることがあります。
8次元の世界というのは、スピリチュアルや宇宙情報系に興味がある人でも、イメージすることが難しい領域かもしれません。
8次元と言いましても、限りなく8次元に近い7次元で、7・8次元の振動数帯と同期する意識の集合波動とつながっていたのです。

7次元というとアルクトゥルスが有名ですが、7・8次元には、高次元の「銀河連盟」と呼ばれる超意識の集合波動が存在します。「銀河連盟」とは超知性意識集合ネットワークの総称です。

ホゼ博士は、その「銀河連盟」から情報を取っていたようです。

「銀河連盟」の中には、「時間」というものを管理する意識の集合体が存在するのですが、その意識の集合体のことを、宇宙の言語で「マヤ」というのだそうです。

ですので、この260のマトリクスを、ホゼ博士をアバターとして3次元の地球に現した存在は、「マヤ」は「マヤ」でも、地球のメソアメリカのマヤ文明という限定的な「マヤ」ではなくて、高次元の意識の集合波動「銀河連盟のマヤ」、つまり「銀河のマヤ」なのです。

マヤ暦を論じる場合は、日本の裏側メソアメリカのマヤ文明圏に、いまも伝統的に継承される教えを学ぶ必要があります。

しかし、日本において、マヤ暦に関して、正しく考古学的な知見と、マヤ系先住民が伝承する内容を、脚色せずに伝えているものは、ほぼ皆無と言っても良いかと思います。

そして、「銀河のマヤ」という言葉を用いる場合は、高次元からの宇宙情報ということを明らかにしないことには、誠実さに欠けることになってしまいます。

大切なことは、「マヤ暦」と「銀河のマヤ」を、ごちゃ混ぜにしてしまわないことです。

南北メソアメリカ長老評議会の議長であり、マヤ・インカ・ガリフナ長老評議会のトップである、キチェ・マヤ第13代最高位神官アレハンドロ・シリロ・ペレス・オシュラ大長老も、自分たちの祖先から連綿と受け継いでいる「マヤ暦ツォルキン」と、ホゼ・アグエイアス博士の「銀河のツォルキン」を、世界中の人たちが混同してしまっていることに対して、非常に残念がっておられます。

そもそもの話、「マヤ暦ツォルキン」と「銀河のマヤツォルキン」は、同系列で扱って良いものではありません。

そのような意味で、マヤ文明のマヤ暦とは、根本的に異なるのが、銀河のマヤのカレンダーというものなのです。

「銀河のマヤ暦」と呼ぶ人もおられますが、それでは、マヤ文明のマヤ暦と誤解が生じてしまいますので、わたしはあえて、「銀河のマヤツォルキン」と呼んでいます。

銀河のマヤとは何か？

「銀河のマヤ」とは、高次元における意識の集合波動の名称です。

わたしたちは、物理次元と呼ばれる「３次元」の周波数帯域の中で、「生きる」という体験をしていますが、「３次元」は、さまざまな意識が交流する世界（領域）です。

この世界には、わたしたちの可視光線（３８０㎚〜７５０㎚）の範囲に映るものや存在だけでなく、目に見えないものや存在もたくさんいて、関与してきています。

「目に見えないから存在しない」ということではありません。

「目に見えない」ということを科学的に説明すれば、「可視光線の範囲を超える光（電磁波）」になります。

わたしたちは、３次元ボディの性能上、３８０㎚〜７５０㎚の光（電磁波）しかキャッチすることができません。

赤外線や紫外線などの波長が目に見えないように、周波数帯域が異なるものや存在は、視覚では捉えきれないのです。

天使や妖精と呼ばれる、おとぎ話や寓話に登場するような存在というのは、3次元に存在しているのだけれど、目に見えないだけの存在たちです。

そして、さらには、そのような3次元の「目に見えない存在たち」とは違い、次元そのものが異なるものたちも、存在するのです。

そのような存在たちは、「異次元存在」「宇宙存在」と表現できるでしょうか。

にわかには信じがたいことかもしれませんが、「銀河のマヤ」からの情報では、わたしたちの銀河（天の川銀河）には、超意識の集合波動が存在するのです。

全体構造を天の川銀河の中心にある、超大質量ブラックホールの奥底をその源とする「意識知性の集合体システム」、それが「銀河連盟」です。

「銀河連盟」の所属星系には、アルクトゥルス（うしかい座）、シリウス（おおいぬ座）、プロキオン（こいぬ座）、アンタレス（さそり座）、アルデバラン（おうし座）、ベガ（こ

と座）、レグルス（しし座）、フォーマルハウト（みなみのうお座）、プレアデス（すばる）、アルタイル（わし座）などがあり、司令本部はアルクトゥルスです。

「銀河連盟」が担う役割の１つとして、「銀河の形質を司る」ということがあります。

「銀河の形質」とは、わたしたちに本来備わっている良心というか、本来あるべき思いやりの心、宇宙的な観点から見ても大切な意識の波形状態のことです。

人間にもともと備わっている良心と呼べるものを見守り、必要なら自由意志に侵害することなくサポートを行う意識の集合波動が「銀河連盟」です。

「銀河連盟」は、「ある惑星系で核が兵器として使用されているかを監視すること」も目的の１つとしています。

1945年のトリニティサイトでの、今回の人類における初めての核実験と、日本の広島と長崎で生きた人間に対して使用された原子爆弾の実験から、地球は「銀河連盟」の強い監視下に置かれました。

なぜなら、臨界点を超える核爆発が発生すると、時空間が崩壊し、宇宙の近隣文明にも、多大な悪影響を及ぼしてしまうためです。

核は、次元の壁を超えて影響を及ぼすので、地球だけの問題ではなくなってくるのです。

「銀河のマヤツォルキン」は、宇宙情報を含むものであり、「宇宙の根源的なコード」が表されてあるものです。

「銀河連盟」は、「天の川銀河の形質を司る」ことと、人間の意識を「低振動な状態」へと誘導させる意識存在たちに対しての監視をし、必要とあらば、自由意志を侵害することなく対応処置を施し、「銀河の調和と秩序を安定させる」ことを目的とする、高次元意識の集合体です。

わたしたちが小学校や中学校に通っていた頃に、クラスに保健委員や体育委員という係があったように、「銀河連盟」の中にも、さまざまな管轄があるのです。

「銀河連盟」の中で、「時間」を管理する意識存在たちは、宇宙の言語で「マヤ」と呼ばれているのだそうです。

「銀河のマヤ」の意識体たちは、どの次元にも浸透していない存在です。

全ての次元に速やかにライディングする「パルサー・ライディング」技術を有しています。

その素晴らしい次元間航行の技術を、「銀河連盟」のアルクトゥルスに認められ、アルクトゥルスに籍を置くことになったのだそうです。

「銀河のマヤ」は、「銀河連盟」からの指令が下れば、どの次元にも速やかに肉体化（マテリアライズ）し、浸透する存在です。

その「銀河のマヤ」が、いまから数万年前の段階に、３次元の物質次元領域の、「地球」という惑星のメソアメリカ地域に降り立ったことにより、マヤ文明の基礎が誕生したのでした。

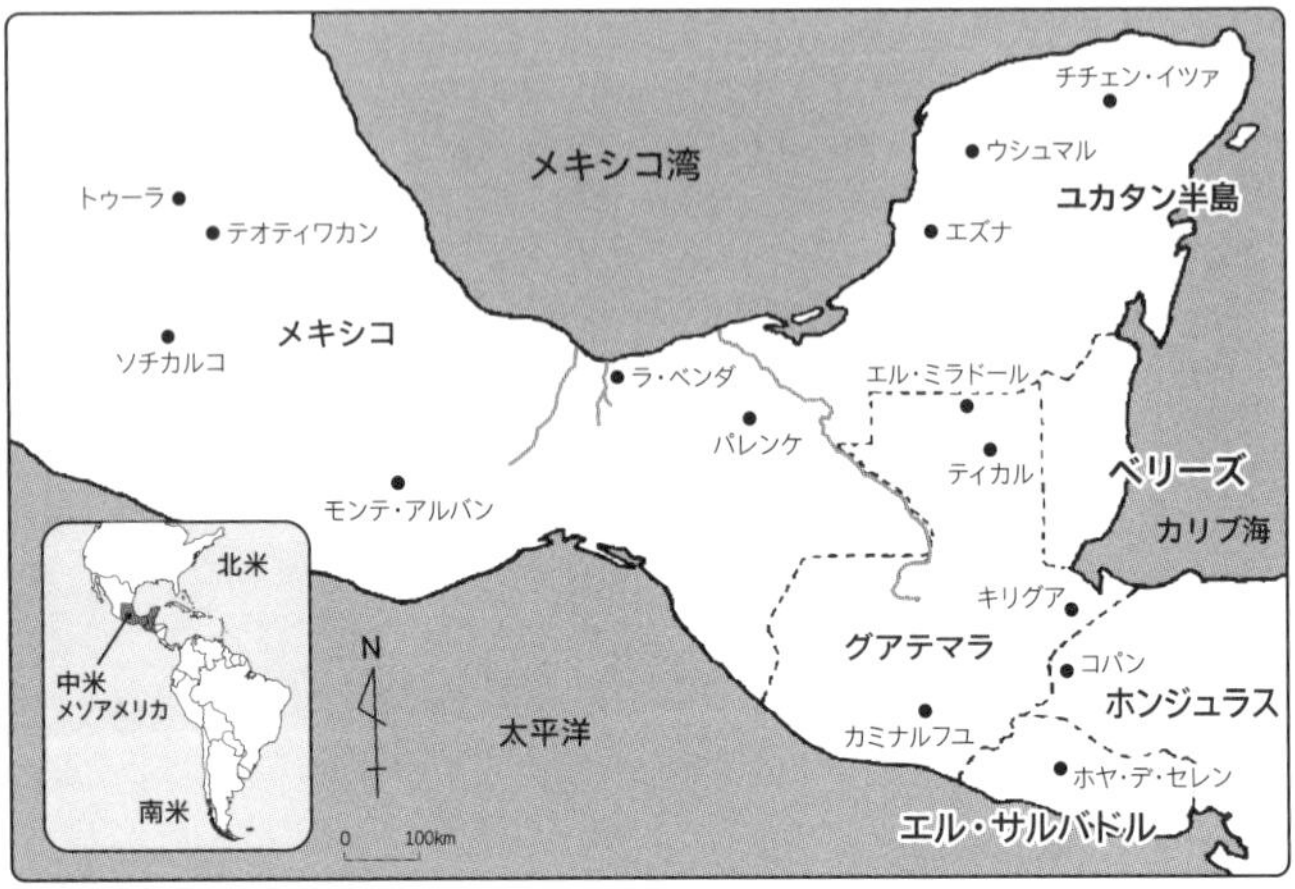

メソアメリカ（中米）のマヤ文明圏

ツォルキンとは何なのか？

マヤ暦とは、現在も、日本から見ると地球の裏側にある、メソアメリカ地域（グアテマラ、ベリーズ、ホンジュラス、エルサルバドル、メキシコ、いわゆる中米5か国）で栄えた、後世の学者たちから「マヤ人」と呼ばれた人たちが使っていた暦のことを指します。

メソアメリカのマヤ文明圏には、マヤ文明の末裔にあたる人たちが何百万人と生活しています。

そして、自分たちの祖先から受け継がれたカレンダーを大切に継承しています。

「マヤの伝統を失わせてしまわないように！」と、小学校でマヤ暦の授業も行われています。

グアテマラを旅し、カクチケル・マヤの人たちが暮らす街を訪れた際に、小学校の校舎の壁に大きくマヤ暦が飾られてあるのを見て、何だかうれしくなったことを覚えています。

マヤ暦は、いまのところ17種類から20種類ほど発見されていて、そのマヤ暦の中でも特に、世界的に有名なものが３つ存在します。

１つは、メキシコのユカテク・マヤ語でツォルキンと呼ばれ、マヤ文明圏に広く伝わる２６０日周期の「マヤ暦の儀式暦」です。

次に、マヤ文明圏全体でハアブと呼ばれる３６５日周期の「マヤの太陽暦」です。

そして、５１２５年（１８７万２０００日）をカウントする「マヤの長期暦」と呼ばれる、３つのマヤ暦です。

「銀河のツォルキン」は、マヤ文明の２６０日周期の暦ツォルキンと誤解されています。ツォルキンと書いてあるため２６０日周期のマヤ暦と同じものと思われてしまいがちですが、ユカテク・マヤ語のツォルキンとは異なるものです。

マヤ文明のマヤ暦ツォルキンと銀河のマヤツォルキンとは、呼び名と刻む日数は同じで

すが、似て非なるものです。

ツォルキンとは、宇宙の言語であるスユア語で、天の川銀河の中心の振動波形を表す言葉です。

地球の宇宙物理学では、天の川銀河の中心には、超大質量のブラックホールが存在することが分かっています。

誰も銀河の中心まで行ったことはありません。

わたしたちが生きる太陽系から、光の速さでおよそ2万6000年かかる距離にある銀河の中心領域。

実際に見た人なんて1人もいない、これから先も、恐らく銀河の中心領域に人類が辿り着くことは不可能でしょう。

その領域の振動波形を、「銀河連盟」では、ツォルキンと呼んでいるのだそうです。

「銀河のツォルキン」とは、銀河の中心の振動波形を、わたしたちの目に見える形として表したものなのです。

メムノシス・Jr.という人物について

ここから、「20ある太陽の紋章」を論じるにあたり、避けては通れない事実があります。

それは、ツォルキン研究家メムノシス・Jr.氏の存在です。

あまり聞き慣れない変わったお名前ですが、メムノシス・Jr.氏は日本人です。

九州の福岡に住み、銀河のマヤツォルキンの実証研究をしていた人物です。

「日本マヤ研究会」という名称のグループを作られ、２００９年にお亡くなりになるまで、日本各地で「メムノシス・Jr.のマヤ講座」を精力的に開催していました。


メムノシス・Jr.というペンネームは、メキシコ系アメリカ人ホゼ・アグエイアス博士の著書『アルクトゥルス・プローブ』の中に登場する高次元の意識存在からヒントを得られたものでした。

ルシファー、マーリン、メムノシス、ケイナスGなど、高次元の意識存在たち。

メムノシスとは、アルデバランにあるアトランテジアという星に、ドラゴンスレイヤーと呼ばれるレジスタンス組織があり、その反政府組織を治めるリーダーの名前です。

仲間たちのためにメムノシスは殉死し、高次元の意識存在へと転生するという物語が描かれてあります。

「『アルクトゥルス・プローブ』に登場する高次元存在メムノシスの、自分は、そのジュニアだ」ということで、自らメムノシス・Jr.と名乗りました。

ホゼ・アグエイアス博士が来日した2000年当時、メムノシス・Jr.氏は、「13 Moon Calendar」を日本に紹介した高橋徹さんによって企画・開催された、「ホゼ博士の7日間セミナー」に参加したそうです。

そこで、ホゼ博士のツォルキンに興味を持ち、以後、地道な研究を続けていきました。

メムノシス・Jr.氏が主に研究されたことは、「銀河のマヤツォルキン」と、他の数秘術や占星学などとの共通点や、「20ある太陽の紋章」と「13ある銀河の音」の、それぞれが持つキーワードの整合性とシンクロニシティの出現確率についてでした。

もともと経済学者だったメムノシス・Jr.氏は、計算や統計的なデータを調べることが苦にならない人でした。

経済学者として、計算や測定することをずっと続けてきた人生だったわけなのですが、そのような自分自身を調べてみると「銀河の音４」を持っていました。

すると、「銀河の音４」のホゼ博士のキーワードには「Form　形」「Define　定義する」「Measure　測る」とあります。

自分が、「数字を測定して、定義する」ことを仕事にしているということに、純粋に驚いたそうです。

また、太陽の紋章に「青い手」を持つメムノシス・Jr.氏は、「青い手」のホゼ博士のキーワードに「Accomplishment　遂行」「Knows　知る」「Healing　癒し」とあることから、自分自身が、計算をして、データを分析し、「知ること」を仕事にしていることに、「青い手」のキーワードがピッタリ整合することに、さらに驚いたのでした。

「もしかすると、ツォルキンに表されてある太陽の紋章と銀河の音のキーワードは、スゴイものかもしれない」と直感的に思ったメムノシス・Jr.氏は、「太陽の紋章」や「銀河の音」に該当する人物を、徹底的に調べ上げようと決意しました。

メムノシス・Jr.氏は、１つのＫＩＮにつき50人を調べようとしました。

ツォルキンは２６０ＫＩＮありますので、単純計算で５２００人です。

しかし、その人の生年月日を調べて、必ずしも目当てのＫＩＮが出てくるとは限りません。

恐らくは、１万人以上の著名人、歴史上の人物、アスリート、芸能人、ご縁ある人たちなどを調べたかと思われます。

一般家庭は２００家族を調べたと、自身の著書に述べられています。

そのようにして、メムノシス・Jr.氏なりに研究、実証されたのちに、ホゼ博士の「20ある太陽の紋章」と「13ある銀河の音」それぞれに、自分自身で独自のキーワードを創りました。

それが、メムノシス・Jr.氏のオリジナルキーワードです。

以下に、「太陽の紋章」に関する、メムノシス・Jr.氏のオリジナルキーワードの一覧を明示します。

メムノシス・Jr.氏は、ホゼ博士のツォルキンとともに、マヤ文明のマヤ暦も研究されたそうですが、そのどちらとも微妙に異なる、独自のスタイルを確立しました。

メムノシス・Jr.氏のキーワードの一覧

赤い竜「生命を育む」「生命を大切にする」「滋養を与える」
白い風「スピリット」「繊細な感性・感情」
青い夜「豊かさ」「豊かさを夢見る」「囲い込み」
黄色い種「イデア」「気づき」「開花の力」
赤い蛇「本能」「血と情熱」「真実を暴く」
白い世界の橋渡し「死と再生」「橋渡しする力」
青い手「理解し把握する」「癒し」「手」
黄色い星「姿・形を美しくする」「調和の美」「星」
赤い月「浄化」「新しい流れを作り出す」
白い犬「誠実さ」「忠実さ」「家族愛」
青い猿「精神的生命を大切にする」「高い精神性」「トリックスター」
黄色い人「自由意志」「高次の心としての人間性」

赤い空歩く人「人々の成長を手助けする」「天と地の柱」
白い魔法使い「罪を赦す女神」「魅惑する」「魔法の力」
青い鷲「クールな知性」「ビジョン」「見通す力」
黄色い戦士「戦いの力」「困難を突破する力」「知性」
赤い地球「心の連帯」「知的共時性の力」「シンクロニシティ（共時性）」
白い鏡「永遠の美・秩序・調和」「時間の超越」「儀礼的打擲」
青い嵐「嵐のような変容エネルギー」「かまどの神」「家族の団らん」
黄色い太陽「円満・円熟」「太陽の心」「次の次元に移行するエネルギーを与える」

もしも、インターネットのサイトや、書籍、出版物等で、これらメムノシス・Jr.氏のオリジナルキーワード解釈を用いて、銀河のツォルキンを論じているものがあれば、それは、マヤ文明に伝わる「マヤ暦の教え」でもなければ、高次元からの宇宙情報としての「銀河のマヤ」でもなく、九州の福岡に暮らしていたメムノシス・Jr.氏が独自の研究から体系づけたオリジナルのキーワード解釈を用いているということになります。

ホゼ・アグエイアス博士が受け取っていた宇宙情報

高次元の意識知性の集合体システム「銀河連盟」に属する「銀河のマヤ」。

その「銀河のマヤ」の中でも、突出したエキスパート集団「時間工学技術チーム」のリーダーであるパカル・ヴォタンから情報を受け取っていたホゼ・アグエイアス博士は、「20ある太陽の紋章」に関して、それぞれ３つのキーワードを降し、定義しています。


メキシコ系アメリカ人のホゼ博士が、英語で定義したものを、１９９５年に高橋徹さんご夫妻によって日本に紹介された際に、日本語に訳されました。


英単語には、さまざまな意味があります。

もともと高次元からの宇宙情報ですので、言語化すること自体が、非常に難しいものと思われます。

ですので、必ずしも、日本語訳された言葉が持つイメージそのものを伝えたいわけではない可能性を、常に念頭に置く必要があると思います。

これは、桜という言葉が、植物としての意味を表しているだけではなく、春の季節であったり、入学式や新学期のシーズンや、新入社員の社会人1年生としてのスタートを表す際に用いられるように、その言葉が持つイメージからは、さまざまな背景や意図が受けて取れるかと思います。

言葉の持つ意味は1つだけではないでしょうし、だからといって、1人ひとりが自分の感覚で好き勝手に判断すれば良いというものでもないと思っています。

これは、そのキーワードをどのように解釈するのか？　判断するのか？　は、その人の意識状態によると思います。

ホゼ博士のキーワードを見た人が、どこの周波数帯に意識を合わせているのか？　によって、受け取り方や感じ方は、全くと言っても良いほど変わることでしょう。

銀河のマヤとは全然違うところとつながっている意識状態で、キーワードを判断してしまうと、ツォルキンを介して、おかしな次元とつながってしまう危険性すらあります。

なぜなら、ツォルキンは、あらゆる次元とつながる9次元のツールだからです。

以下に、ホゼ博士が受け取った「20ある太陽の紋章」それぞれのキーワードを紹介します。

赤い竜「Birth　誕生」「Nurtures　育む」「Being　存在」
白い風「Spirit　スピリット」「Communicates　伝える」「Breath　呼吸」
青い夜「Abundance　豊かさ」「Dreams　夢見る」「Intuition　直観」
黄色い種「Flowering　開花」「Targets　目指す」「Awareness　気づき」
赤い蛇「Life Force　生命力」「Survives　生き残らせる」「Instinct　本能」
白い世界の橋渡し「Death　死」「Equalizes　等しくする」「Opportunity　機会」
青い手「Accomplishment　完成」「Knows　知る」「Healing　癒し」
黄色い星「Elegance　気品」「Beautifies　美しくする」「Art　芸術」
赤い月「Universal Water　宇宙の水」「Purifies　清める」「Flow　流れ」
白い犬「Heart　ハート」「Loves　愛する」「Loyalty　忠実」
青い猿「Magic　魔術」「Plays　遊ぶ」「Illusion　幻想」
黄色い人「Free Will　自由意志」「Influences　感化する」「Wisdom　知恵」
赤い空歩く人「Space　空間」「Explores　探る」「Wakefulness　覚醒」
白い魔法使い「Timelessness　永遠」「Enchants　魅惑する」「Receptivity　受容性」
青い鷲「Vision　ヴィジョン」「Creates　創り出す」「Mind　マインド」

黄色い戦士「Intelligence　知性」「Questions　問う」「Fearlessness　恐れない状態」
赤い地球「Navigation　舵取り」「Evolves　進化させる」「Synchronicity　共時性」
白い鏡「Endlessness　果てしなさ」「Reflects　映し出す」「Order　秩序」
青い嵐「Self-Generation　自己発生」「Catalyzes　促進させる」「Energy　エネルギー」
黄色い太陽「Universal Fire　宇宙の火」「Enlightens　照らす」「Life　生命」

古代マヤにおける20のナワール

日本の裏側メソアメリカ地域のマヤ文明圏に、現在も伝統的に継承される「20のナワール」と呼ばれる象徴が存在します。

以下の情報は、マヤ文明の末裔の代表であるアレハンドロ大長老から、1年間かけて直接学んだキーワードです。

ホゼ博士の「銀河のマヤ」の宇宙情報とは全く異なるものであり、同列に扱うものではない、古代マヤの伝承です。

20のナワール

※マヤ文明の本拠地と言われるグアテマラのキチェ・マヤ語とメキシコのユカテク・マヤ語、それぞれの呼び方を紹介します。

20のナワールはB'atz'（バッツ）から始まります。マヤの新年元日は「8・B'atz'」の日です。

現在も「8・B'atz'」が巡ってくる日には、さまざまなマヤの聖地で盛大なマヤ伝統セレモニーが執り行われます。

B'atz'（バッツ）　Chuen（チュエン）　「糸」「ハーモニー」「愛」
E（エ）　Eb（エブ）　「道」「旅人」「取り引き」
Aj（アフ）　Ben（ベン）　「権限の杖」「家族の調和」
I'x（イシュ）　Ix（イシュ）　「母なる大地」「女性エネルギー」
Tz'ikin（ツィキン）　Men（メン）　「鳥」「仕事」
Ajmaq（アフマック）　Cib（キブ）　「許し」「和解」「祖先を思い出す」
No'j（ノッフ）　Caban（カバン）　「叡智」「精神性の促進」

Tijax（ティハッシュ）Etznab（エッツナブ）「黒曜石」「ネガティブを遠ざける」
Kawoq（カオック）Cauac（カウアク）「家族」「コミュニティ」「優しさ」
Ajpu'（アフプ）Ahau（アハウ）「太陽」「星々」「芸術家」
Imox（イモッシュ）Imix（イミッシュ）「水」「浄化」「雨乞い」
Iq'（イク）Ik（イク）「風」「空気」「良き更新」
Aq'ab'al（アカバル）Akbal（アクバル）「夜明け」「夕暮れ」「闇を照らす」
K'at（カット）Kan（カン）「網」「蜘蛛の巣」「悪習慣を解く」
Kan（カン）Chicchan（チクチャン）「蛇」「和解」「心身の健康」
Kame（ケメ）Cimi（キミ）「死」「祖先」「コミュニケーション」
Kej（ケフ）Manik（マニク）「鹿」「調和」「4大元素のバランス」
Q'anil（カニール）Lamat（ラマト）「種」「食物」「豊穣」
Toj（トフ）Muluc（ムルク）「報い」「支払い」「感謝」
Tz'i'（ツィ）Oc（オク）「犬」「法」「修正」

ホゼ博士の「銀河のマヤ」における「20ある太陽の紋章」、古代マヤの伝承としての「20のナワール」、そして、それらを研究し、独自の解釈を体系づけたメムノシス・Jr.氏のキーワード解釈。

これらは明らかに周波数の異なるものであります。

周波数の異なるものに意識を向けると、つながる世界と現実がそれぞれ違ってくるのは当然のことです。

どの領域にアクセスしたいのか？　を、わたしたちは真摯に考えないといけないでしょう。

第2章

自分自身の宇宙の誕生日を知る

KINを導き出す

「銀河のツォルキン」で、あなたの生まれた日を調べてみましょう。

西暦の生年月日は、わたしたちの3次元におけるコードです。

その3次元コードを銀河コードに変換するとどうなるのか？　を、一緒に見ていきたいと思います。


マヤ文明圏には、いまも伝統的なマヤ語でKIN（キン）という言葉が遺っています。

KINとは「太陽」という意味があり、1日や1人を表しています。

マヤ語は、宇宙起源です。

宇宙の言語であるスユア語の名残がマヤ語として遺っています。


巻頭カラーページ②、もしくは、次ページにある「KIN早見表」を見てください。

調べたい人の誕生日だけでなく、調べたい日も同様の方法で導き出すことができます。

KIN 早見表

年	1月	2月	3月	4月	5月	6月	7月	8月	9月	10月	11月	12月
1909 / 1961 / 2013	217	248	16	47	77	108	138	169	200	230	1	31
1910 / 1962 / 2014	62	93	121	152	182	213	243	14	45	75	106	136
1911 / 1963 / 2015	167	198	226	257	27	58	88	119	150	180	211	241
1912 / 1964 / 2016	12	43	71	102	132	163	193	224	255	25	56	86
1913 / 1965 / 2017	117	148	176	207	237	8	38	69	100	130	161	191
1914 / 1966 / 2018	222	253	21	52	82	113	143	174	205	235	6	36
1915 / 1967 / 2019	67	98	126	157	187	218	248	19	50	80	111	141
1916 / 1968 / 2020	172	203	231	2	32	63	93	124	155	185	216	246
1917 / 1969 / 2021	17	48	76	107	137	168	198	229	0	30	61	91
1918 / 1970 / 2022	122	153	181	212	242	13	43	74	105	135	166	196
1919 / 1971 / 2023	227	258	26	57	87	118	148	179	210	240	11	41
1920 / 1972 / 2024	72	103	131	162	192	223	253	24	55	85	116	146
1921 / 1973 / 2025	177	208	236	7	37	68	98	129	160	190	221	251
1922 / 1974 / 2026	22	53	81	112	142	173	203	234	5	35	66	96
1923 / 1975 / 2027	127	158	186	217	247	18	48	79	110	140	171	201
1924 / 1976 / 2028	232	3	31	62	92	123	153	184	215	245	16	46
1925 / 1977 / 2029	77	108	136	167	197	228	258	29	60	90	121	151
1926 / 1978 / 2030	182	213	241	12	42	73	103	134	165	195	226	256
1927 / 1979 / 2031	27	58	86	117	147	178	208	239	10	40	71	101
1928 / 1980 / 2032	132	163	191	222	252	23	53	84	115	145	176	206
1929 / 1981 / 2033	237	8	36	67	97	128	158	189	220	250	21	51
1930 / 1982 / 2034	82	113	141	172	202	233	3	34	65	95	126	156
1931 / 1983 / 2035	187	218	246	17	47	78	108	139	170	200	231	1
1932 / 1984 / 2036	32	63	91	122	152	183	213	244	15	45	76	106
1933 / 1985 / 2037	137	168	196	227	257	28	58	89	120	150	181	211
1934 / 1986 / 2038	242	13	41	72	102	133	163	194	225	255	26	56
1935 / 1987 / 2039	87	118	146	177	207	238	8	39	70	100	131	161
1936 / 1988 / 2040	192	223	251	22	52	83	113	144	175	205	236	6
1937 / 1989 / 2041	37	68	96	127	157	188	218	249	20	50	81	111
1938 / 1990 / 2042	142	173	201	232	2	33	63	94	125	155	186	216
1939 / 1991 / 2043	247	18	46	77	107	138	168	199	230	0	31	61
1940 / 1992 / 2044	92	123	151	182	212	243	13	44	75	105	136	166
1941 / 1993 / 2045	197	228	256	27	57	88	118	149	180	210	241	11
1942 / 1994 / 2046	42	73	101	132	162	193	223	254	25	55	86	116
1943 / 1995 / 2047	147	178	206	237	7	38	68	99	130	160	191	221
1944 / 1996 / 2048	252	23	51	82	112	143	173	204	235	5	36	66
1945 / 1997 / 2049	97	128	156	187	217	248	18	49	80	110	141	171
1946 / 1998 / 2050	202	233	1	32	62	93	123	154	185	215	246	16
1947 / 1999 / 2051	47	78	106	137	167	198	228	259	30	60	91	121
1948 / 2000 / 2052	152	183	211	242	12	43	73	104	135	165	196	226
1949 / 2001 / 2053	257	28	56	87	117	148	178	209	240	10	41	71
1950 / 2002 / 2054	102	133	161	192	222	253	23	54	85	115	146	176
1951 / 2003 / 2055	207	238	6	37	67	98	128	159	190	220	251	21
1952 / 2004 / 2056	52	83	111	142	172	203	233	4	35	65	96	126
1953 / 2005 / 2057	157	188	216	247	17	48	78	109	140	170	201	231
1954 / 2006 / 2058	2	33	61	92	122	153	183	214	245	15	46	76
1955 / 2007 / 2059	107	138	166	197	227	258	28	59	90	120	151	181
1956 / 2008 / 2060	212	243	11	42	72	103	133	164	195	225	256	26
1957 / 2009 / 2061	57	88	116	147	177	208	238	9	40	70	101	131
1958 / 2010 / 2062	162	193	221	252	22	53	83	114	145	175	206	236
1959 / 2011 / 2063	7	38	66	97	127	158	188	219	250	20	51	81
1960 / 2012 / 2064	112	143	171	202	232	3	33	64	95	125	156	186

１９７０年7月26日生まれを例にしてみたいと思います。

１９７０年は「ＫＩＮ早見表」では、上から数えて10段目の中央にあります。

その１９７０年の横列をずっと7月のところまで平行移動していくと、そこには43という数字があります。

その数字をまず覚えておきます。

そして、その43に西暦の誕生日の26日をプラスします。

43＋26＝69になりますね。

というわけで、１９７０年7月26日生まれの場合、ＫＩＮ69、ツォルキンでは「69日目の人」となるわけです。

出た数字が２６０を超えてしまった場合には、その数字から２６０を引いた数字がＫＩＮになります。


西暦が分からない場合には、和暦から西暦を導き出す方法があります。

大正の場合は、和暦にプラス１９１１。

大正13年なら、13＋１９１１＝１９２４なので１９２４年。

昭和の場合は、和暦にプラス１９２５。

昭和40年なら、40＋１９２５＝１９６５なので１９６５年。

平成の場合は、和暦にプラス１９８８。

平成15年なら、15＋１９８８＝２００３なので２００３年。

令和の場合は、和暦にプラス２０１８。

令和５年なら、５＋２０１８＝２０２３なので２０２３年。

このようになります。


「銀河のツォルキン」で、生年月日をＫＩＮに換算して１４７と出てきたら、その人はＫＩＮ１４７と表され、１４７日目に生まれた人ということになります。

日付の場合でも同じです。

調べたい日をツォルキンで換算し、２５２と出てきたら、その日はＫＩＮ２５２と表され、ツォルキンでは２５２日目にあたる日ということです。


ＫＩＮを調べる際に、注意していただきたいことがあります。

それは、戸籍上の生年月日では調べることができないということです。

あくまでも「本当に生まれた日」でないと、何もかも変わってしまいます。

ただ、中には戸籍でしか生年月日が分からない人もおられます。

その場合は、残念ながらＫＩＮを調べることができません。

どうしても調べたい場合は、何とかして本当の誕生日を調べるしかないということになります。


もう1つ、注意していただきたいことは、「うるう年に該当する年の3月生まれの人」を見る場合です。

うるう年は、西暦で4年に1度巡ってきますが、マヤ暦のサイトや書籍によっては、2月29日から3月31日までの32日間のＫＩＮを、1日ズレた状態でカウントしているものがあります。

そのようなサイトや書籍のＫＩＮ早見表を用いて、うるう年の3月生まれの人や日のＫＩＮを調べた場合に、ＫＩＮが1日ズレた状態で出てきてしまいます。


これは、それほど大した問題ではないように思えますが、実は、非常に大変なことです。

1日に、世界で、どれくらいの赤ちゃんが生まれているかご存じでしょうか？

世界では、1日に約20万人の赤ちゃんが生まれています。

１日に約20万人ということは、１分間におよそ１３７人の赤ちゃんが生まれている計算になります。

４年に1回、32日間のＫＩＮをズラして計算してしまうと、単純計算で、およそ６４０万人のＫＩＮが変わってしまうということになります。

たとえば、過去40数年間を振り返って考えてみると、うるう年は10回ありましたので、６４００万人のＫＩＮが変わってしまいます。

うるう年の３月のＫＩＮを、くれぐれもズラして見てしまわないようにしてください。

「本当に生まれた日」を考えた時に、計画出産や早産だったという場合は、どのように捉えれば良いのでしょうか？

予定日よりずいぶん遅くに生まれた場合や、病院の担当医の都合で、出産日を決められて生まれた場合でも、それは問題ありません。

生まれてくるお子さんという存在は、陣痛促進剤を使ってでも、帝王切開してでも、その日に生んでくれる親を選んで生まれてきます。

「子は親を選べない」などと言われますが、本当は、子が親を選んで生まれてきています。

ツォルキンを見ながらＫＩＮを展開する

ツォルキンにおいて1つひとつのＫＩＮのマス目を見ると、1から260までの数字の上に「・」や「ー」のマークがあります。

この点や線の記号のようなものは、マヤ文明が栄えた時代から使われていた、数字の表し方です。

もちろん、この数字の表し方は宇宙起源です。

それが、地球のメソアメリカのマヤ文明圏に、現在も伝統として継承されているのです。

当時、「点（ドット）」と「棒（バー）」でマヤの人たちは数字を表現しました。

遺跡にあるステラと呼ばれる石碑や、神殿の壁や柱には、点や線で表された数字が彫られてあります。

「・」が「1」、「・・」が「2」、「・・・」が「3」、「・・・・」が「4」、そして、「ー」が「5」になります。

「ー」が2本で「・」が2つあれば、その数字は「・・＝」で「12」となるわけです。

TZOLKIN《ツォルキン》

赤い竜	**1**	21	41	61	81	101	121	141	161	181	201	221	**241**
白い風	2	**22**	42	62	82	102	122	142	162	182	202	**222**	242
青い夜	3	23	**43**	63	83	103	123	143	163	183	**203**	223	243
黄色い種	4	24	44	**64**	84	104	124	144	164	**184**	204	224	244
赤い蛇	5	25	45	65	**85**	105	125	145	**165**	185	205	225	245
白い世界の橋渡し	6	26	46	66	86	**106**	126	**146**	166	186	206	226	246
青い手	7	27	47	67	87	**107**	127	**147**	167	187	207	227	247
黄色い星	8	28	48	68	**88**	**108**	128	**148**	**168**	188	208	228	248
赤い月	9	29	49	**69**	89	**109**	129	**149**	169	**189**	209	229	249
白い犬	10	30	**50**	70	90	**110**	130	**150**	170	190	**210**	230	250
青い猿	11	31	**51**	71	91	**111**	131	**151**	171	191	**211**	231	251
黄色い人	12	32	52	**72**	92	**112**	132	**152**	172	**192**	212	232	252
赤い空歩く人	13	33	53	73	**93**	**113**	133	**153**	**173**	193	213	233	253
白い魔法使い	14	34	54	74	94	**114**	134	**154**	174	194	214	234	254
青い鷲	15	35	55	75	95	**115**	135	**155**	175	195	215	235	255
黄色い戦士	16	36	56	76	**96**	116	136	156	**176**	196	216	236	256
赤い地球	17	37	57	**77**	97	117	137	157	177	**197**	217	237	257
白い鏡	18	38	**58**	78	98	118	138	158	178	198	**218**	238	258
青い嵐	19	**39**	59	79	99	119	139	159	179	199	219	**239**	259
黄色い太陽	**20**	40	60	80	100	120	140	160	180	200	220	240	**260**

例えば、ＫＩＮ２３２（２３２日目）なら「𝋫」で「11」。

ＫＩＮ60（60日目）なら「𝋨」で「8」になります。

こうして「𝋡」と「𝋥」で表される数字のことを、「銀河のマヤ」では「銀河の音(Galactic Tone)」と呼びます。

自分自身やその日の「銀河の音」が何なのか？　が分かったら、次に「太陽の紋章(Solar Seal)」を導き出してみましょう。

「太陽の紋章」を導き出すには、ツォルキンにて調べたいＫＩＮの数字から左に平行移動すると、20個並んでいる「20ある太陽の紋章」のいずれかに該当します。

それがあなたの、もしくは調べたい日の「太陽の紋章」です。

例えば、ＫＩＮ１４６（１４６日目）なら、「白い世界の橋渡し」になり、ＫＩＮ96(96日目）なら、「黄色い戦士」になります。

もともとのホゼ・アグエイアス博士が提唱された「13 Moon Calendar」での「ＫＩＮ

の表し方」では、KIN146は「3・橋渡し」となります。

この表し方を「銀河の通路」と呼びます。

あなたがKIN146の人の場合には、自分自身がKIN146と認める（宇宙に対して宣言をする）ことで、「白い電気の世界の橋渡し」となります。

宇宙から承認してもらったという意味で、「銀河の通路」は、晴れて「銀河の署名」と呼べるようになります。

62ページを見てください。

「銀河の署名」を表す際に出てくる「電気」という表現は、「銀河の音」につけられているそれぞれの呼び名です。

「13 Moon Calendar」におけるKINの表し方は、「太陽の紋章」の間に「銀河の音」の名称が挟まれた形です。

この形は、提唱者であるホゼ・アグエイアス博士の表記法です。

ここから説明するのは、ツォルキン研究家メムノシス・Jr.氏が発案した表記法です。

Galactic Maya
銀河のマヤ

13ある銀河の音

•	1	Magnetic	1（磁気）
••	2	Lunar	2（月）
•••	3	Electric	3（電気）
••••	4	Self-Existing	4（自己存在）
—	5	Overtone	5（倍音）
• —	6	Rhythmic	6（律動）
•• —	7	Resonant	7（共振）
••• —	8	Galactic	8（銀河）
•••• —	9	Solar	9（太陽）
═	10	Planetary	10（惑星）
• ═	11	Spectral	11（スペクトル）
•• ═	12	Crystal	12（水晶）
••• ═	13	Cosmic	13（宇宙）

表記法

それは、ウェイブスペルと呼ばれる部分を表す表記法でした。

現在は、メムノシス・Jr.氏の発案した表記法が主流になっています。

これは、2005年ごろから始まったムーブメントであり、それまでは「13 Moon Calendar」のKINの表し方しかありませんでした。

巻頭カラーページ①のツォルキンの260のマトリクスを見ると、13グリッドごとにそれぞれ色分けされてあります。

色分けされているゾーンは「ウェイブスペル（Wavespell）」と呼ばれています。

「ウェイブスペル」という言葉は、もともとマヤ文明の栄えた時代から使われていたのではなく、１９９０年にメキシコ系アメリカ人のホゼ・アグエイアス博士により提唱された「13 Moon Calendar」の中にある言葉であり、出処は宇宙起源です。

１９９５年に日本に紹介された際に、「ウェイブスペル」は「波動魔法期」と訳されました。

「魔法の波動が流れている期間」「魔法がかかっている期間」という意味です。

１から２６０までの数字に施されている色が始まっている先頭の数字、数字の上に「・」が配置されてあるマス目があります。

その先頭の数字すなわち「・」のマス目から左に平行移動したところにある「太陽の紋章」が、その13グリッドの領域に魔法をかけている、つまりは、影響を与えていると考えるわけです。

ツォルキンにおいて、数字の色に目を向けると、１から13が「赤」です。

14から26までが、「白」です（数字を白くしたら見えなくなってしまうので、黒くしてありますが、数字が「黒色」のところは「白」と思ってください）。27から39までが「青」で、40から52までが「黄」といった感じで、「赤白青黄」で色分けされてあります。

ここからは、「あすわの表記」で説明させていただきますが、調べたいＫＩＮが１４６として、ＫＩＮ１４６は、「銀河の音」が「３（電気）」で、「太陽の紋章」が「白い世界の橋渡し」です。

しかし、ＫＩＮ１４６の数字は何色のゾーンに属しているでしょう？

ＫＩＮ１４４からＫＩＮ１５６までの「黄色い種」のゾーンに属しています。

ＫＩＮ１４６がある黄色のゾーンの「・」のところまで数字を遡ると、１４４まで戻れます。

ということで、ウェイブスペルに該当する「太陽の紋章」まで含めた表記の仕方では、ＫＩＮ１４６「３（電気）白い世界の橋渡し―黄色い種」となるわけです。

「20ある太陽の紋章」には、「表の太陽の紋章」や「裏の太陽の紋章」というような見方はありません。

また、「前の太陽の紋章が顕在意識」「後ろの太陽の紋章が潜在意識」という見方も、本来ありません。

「前の太陽の紋章」「後ろの太陽の紋章」という言い方で良いのではないでしょうか。

「銀河の音」「前と後ろの２つの太陽の紋章」の全部をひっくるめて、そのＫＩＮと捉えると良いかと思います。

ＫＩＮに展開されたものが、わたしたちの宇宙パスワードＩＤになります。

地球では、名前や性別や戸籍や国籍など、皆さんを識別するものはたくさんありますが、３次元の領域からドロップアウトした後には、ＫＩＮに展開されたものが皆さんの識別になります。

おさらいすると、ＫＩＮ早見表で生年月日からＫＩＮを導き出し、ツォルキンを見ながら、点と線で表される「銀河の音」を調べ、「20ある太陽の紋章」の前と後ろを確認する。

それほど難しいことではありませんので、ぜひ、ご家族から始まり、友人知人、職場の人など、たくさんのＫＩＮを調べてみてください。

GAP《ギャップ》キンについて

ツォルキンを見た時に、まず目に飛び込んでくるのは、ページ左上の模様ではないでしょうか？

この謎の幾何学模様は、ツォルキン研究家メムノシス・Jr.氏が「黒キン」と名付け、知られていますが、正式名称は「ＧＡＰキン」と言います。

Galactic Activation Portal を略してＧＡＰキンです。

「マヤ暦ツォルキン」には、このような幾何学模様は存在しません。

ＧＡＰキンは「銀河のマヤツォルキン」に施されてある独特な模様であり、その起源は、これまた宇宙起源です。

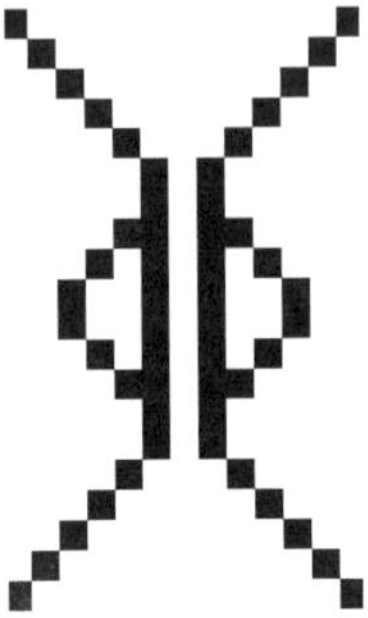

これが一体どのような意味を持つものなのか？　は、いまだ解明されていません。

分かっている範疇で、人同士の関係で解説させてもらいますと、実は、「ＧＡＰキン同士の人は仲良し」ということがあります。

エネルギー的につり合い、つながっています。

ですから、ＧＡＰキンに該当する人の周りには、ＧＡＰキンの人が多いということがあります。

自分自身がＧＡＰキンの人は、周りを調べてみてください。

美輪明宏さん、江原啓之さんもＧＡＰキンの人です。

お2人はテレビの番組で共演されていた時期がありました。

亡くなられた志村けんさんと、『志村けんのバカ殿様』で優香姫役を演じられたタレントの優香さんもＧＡＰキンの人です。

ＧＡＰキンに該当する人とは、どのような人なのでしょうか？

それは、周囲に与える影響力が強い存在ではないでしょうか。

会社やお店を経営しているような人にも、ＧＡＰキンが多かったりします。

要するに、光が強い人がＧＡＰキンです。

ＧＡＰキンの周りには変わった人が多いようです（笑）。

光が強い人の周りには、個性豊かな人たちが大勢集まってくるようです。

波瀾万丈な人生や、トラブルメーカーのような存在などではありませんので、どうかご安心ください。

太陽の紋章が前と後ろにあることによって

生年月日からKINを導き出し、自分自身や家族、周りの人たちの前と後ろの太陽の紋章が分かると、いろんなことに気がつきます。

例えば、銀河の音1を持つ人は、前の太陽の紋章と後ろの太陽の紋章が同じになる。

これらのKINは、13日間のウェイブスペルの始まりにあたる先頭のKINが該当します。

KIN1「1（磁気）赤い竜―赤い竜」

KIN14「1（磁気）白い魔法使い―白い魔法使い」

KIN27「1（磁気）青い手―青い手」

ＫＩＮ40「１（磁気）黄色い太陽―黄色い太陽」
ＫＩＮ53「１（磁気）赤い空歩く人―赤い空歩く人」
ＫＩＮ66「１（磁気）白い世界の橋渡し―白い世界の橋渡し」
ＫＩＮ79「１（磁気）青い嵐―青い嵐」
ＫＩＮ92「１（磁気）黄色い人―黄色い人」
ＫＩＮ１０５「１（磁気）赤い蛇―赤い蛇」
ＫＩＮ１１８「１（磁気）白い鏡―白い鏡」
ＫＩＮ１３１「１（磁気）青い猿―青い猿」
ＫＩＮ１４４「１（磁気）黄色い種―黄色い種」
ＫＩＮ１５７「１（磁気）赤い地球―赤い地球」
ＫＩＮ１７０「１（磁気）白い犬―白い犬」
ＫＩＮ１８３「１（磁気）青い夜―青い夜」
ＫＩＮ１９６「１（磁気）黄色い戦士―黄色い戦士」
ＫＩＮ２０９「１（磁気）赤い月―赤い月」
ＫＩＮ２２２「１（磁気）白い風―白い風」
ＫＩＮ２３５「１（磁気）青い鷲―青い鷲」

KIN248「1（磁気）黄色い星—黄色い星」

の20KINです。

これらのKINに該当する人たちは、前の太陽の紋章と後ろの太陽の紋章とが同じなので、その太陽の紋章の質が2倍強いと考えれば良いのでしょうか？

そうではなくて、前の太陽の紋章と後ろの太陽の紋章が同じ人は、太陽の紋章を1つしか持っていないと考える方が良いでしょう。

なぜなら、何を基準にして2倍強いのか？　の判断基準がないのと、これまで数千人の太陽の紋章をつぶさに見てきて、そのような強弱があるとは思えないからです。

なので、前の太陽の紋章と後ろの太陽の紋章が同じ人は、他のKINの人よりも、その太陽の紋章の質が強い人などと考えない方が良いと言えます。

あと、前の太陽の紋章と後ろの太陽の紋章が同じ人は「裏表がない人」と捉えられることがあるようですが、そのようなこともないかと思います。

どうしてそのように捉えられることになったのか？　の経緯を説明したいと思います。

2000年ごろに、ツォルキン研究家のメムノシス・Jr.氏が、独自の見解として「前の太陽の紋章は顕在意識を表し、後ろの太陽の紋章は潜在意識を表している」と述べました。

その定義を全国各地で「メムノシス・Jr.のマヤ講座」という形で発表したのです。

その内容を聴いた人たちの中に、前の太陽の紋章が顕在意識を表し、後ろの太陽の紋章が潜在意識を表しているのであれば、顕在意識と潜在意識が同じということは裏表がない人と思った人がいたのでしょう。


ＫＩＮに表される前の太陽の紋章が顕在意識で、後ろの太陽の紋章が潜在意識という捉え方は、古代マヤ文明の時代にあった概念ではありません。

また、高次元の銀河連盟から情報を受け取られていたホゼ博士の銀河のマヤの捉え方でもありません。

日本の福岡に暮らしていたメムノシス・Jr.氏の個人的な見解です。

わたしが何千人と見させてもらってきた経験から言うと、前の太陽の紋章と後ろの太陽の紋章が同じ人にも当たり前に裏表はしっかりあります（笑）。

他にも、ＫＩＮを展開すると、前の太陽の紋章と後ろの太陽の紋章が反対キンの関係になる人も存在します。

それは、総じて銀河の音11を持つ人になるのですが、以下の通り、

KIN11「11（スペクトル）青い猿―赤い竜」
KIN24「11（スペクトル）黄色い種―白い魔法使い」
KIN37「11（スペクトル）赤い地球―青い手」
KIN50「11（スペクトル）白い犬―黄色い太陽」
KIN63「11（スペクトル）青い夜―赤い空歩く人」
KIN76「11（スペクトル）黄色い戦士―白い世界の橋渡し」
KIN89「11（スペクトル）赤い月―青い嵐」
KIN102「11（スペクトル）白い風―黄色い人」
KIN115「11（スペクトル）青い鷲―赤い蛇」
KIN128「11（スペクトル）黄色い星―白い鏡」
KIN141「11（スペクトル）赤い竜―青い猿」
KIN154「11（スペクトル）白い魔法使い―黄色い種」
KIN167「11（スペクトル）青い手―赤い地球」

ＫＩＮ１８０「11（スペクトル）黄色い太陽─白い犬」
ＫＩＮ１９３「11（スペクトル）赤い空歩く人─青い夜」
ＫＩＮ２０６「11（スペクトル）白い世界の橋渡し─黄色い戦士」
ＫＩＮ２１９「11（スペクトル）青い嵐─赤い月」
ＫＩＮ２３２「11（スペクトル）黄色い人─白い風」
ＫＩＮ２４５「11（スペクトル）赤い蛇─青い鷲」
ＫＩＮ２５８「11（スペクトル）白い鏡─黄色い星」

の20ＫＩＮです。

88ページにある「類似キン・神秘キン・反対キン 早見表」の反対キンを見ていただけると分かるかと思います。

これら20のＫＩＮを持つ人は、前の太陽の紋章と後ろの太陽の紋章とが反対キンの関係になっています。

自分の中に反対キンを持つ人は、オールマイティな人と考えると良いかと思います。

事務的なこともできるし営業も得意、職場のデスクの上はキレイに整理整頓されているが、自宅の部屋は足の踏み場もない、体育会系の人と仲良しだけれど、文化系の人たちとも仲良しといった感じで、幅広い可能性を秘めているのが、自分の中に反対キンを持つ人ではないかと思います。

前の太陽の紋章と後ろの太陽の紋章が反対キンの関係になる人のことを、「二重人格」と心無い捉え方をされる場合があるようですが、二重人格ではありません。

どうして、そのような心無い捉え方をされるようになってしまったのか？　は、これも先に説明したメムノシス・Jr.氏の個人的な見解が発端になっています。

メムノシス・Jr.氏が、「前の太の紋章は顕在意識を表し、後ろの太陽の紋章は潜在意識を表す」と定義したことで、自分の中に反対キンを持つということは、自分の中に相反するものを抱える人、ということは二重人格！　という感じで拡大解釈した人がいたのでしょう。

前の太陽の紋章と後ろの太陽の紋章とが反対キンの関係になる銀河の音11を持つ人が二重人格などという失礼な解釈は、古代マヤの聖なる教えでもなければ、高次元からの宇宙情報としての銀河のマヤでもない、福岡に暮らしていたメムノシス・Jr.氏の見解を知った誰かが拡大解釈した捉え方ですので、真に受けてしまわないことです。

さらには、ＫＩＮを展開した時に、前の太陽の紋章と後ろの太陽の紋章が神秘キンの関係になるのは、

ＫＩＮ34「８（銀河）白い魔法使い―青い手」
ＫＩＮ41「２（月）赤い竜―黄色い太陽」
ＫＩＮ75「10（惑星）青い鷲―白い世界の橋渡し」
ＫＩＮ82「４（自己存在）白い風―青い嵐」
ＫＩＮ１１６「12（水晶）黄色い戦士―赤い蛇」
ＫＩＮ１２３「６（律動）青い夜―白い鏡」
ＫＩＮ１６４「８（銀河）黄色い種―赤い地球」
ＫＩＮ１７１「２（月）青い猿―白い犬」
ＫＩＮ２０５「10（惑星）赤い蛇―黄色い戦士」
ＫＩＮ２１２「４（自己存在）黄色い人―赤い月」
ＫＩＮ２４６「12（水晶）白い世界の橋渡し―青い鷲」
ＫＩＮ２５３「６（律動）赤い空歩く人―黄色い星」

の12ＫＩＮですが、これらの人に対しても、「自分のことが好きなナルシストが多い」などと捉えられることがあるようです。

そのようなことは古代マヤの聖なる教えにも、銀河のマヤの捉え方にも1ミリも存在しません。

自分のことは好きになった方が良いです。自分のことが嫌いだと幸せになれないですから、大いに自己愛モリモリにしていただきたいです。

自己否定や無力感は、小さな頃からのご両親からの影響や教育システム、社会システムの中で刷り込まれてきた信念体系によるものが大きいかと思います。

自分の中に神秘キンを持つ人には、自己否定感や無力感がないのでしょうか？

そのようなことはありません。

自分の中に神秘キンを持つ人でも、自分のことが好きになれなくて悩んでいる人も多くいるのではないでしょうか。

太陽の紋章同士の干渉関係をお伝えした際に、「神秘キンの関係になる人たちは仲良し」と書きましたが、そのように発信されることも多いです。

故に、前の太陽の紋章と後ろの太陽の紋章とが仲良しな関係の神秘キンを持つということは、自分の中で仲良しだから、自分のことが好きなナルシスト！　という感じで捉えられたのではないでしょうか。

一体誰がそのようなことを言い始めたのでしょうか？

自分の中に反対キンを持つ人や神秘キンを持つというようなところにフォーカスして、何かしら定義しようとしない方が良いかと思います。

なぜなら、そのような限定的な捉え方をしてしまうと、物事を柔軟に見ることができなくなってしまうからです。

前の太陽の紋章と後ろの太陽の紋章を導き出すということを、世界で初めて編み出したのは、謎のツォルキン研究家メムノシス・Jr.氏でした。

１９９０年にホゼ博士によって提唱された「13 Moon Calendar」が、１９９５年に高橋徹さんによって日本へ紹介された際には、前の太の紋章と後ろの太陽の紋章を両方を出すという表記の仕方はありませんでした。

例えば、ＫＩＮ41の場合、もともとのホゼ博士の表記では「赤い月の竜」と表します。

太陽の紋章「赤い竜（Red Dragon）」の間に挟まれている「月の」とは、62ページの「13ある銀河の音」を見ていただければ「銀河の音２（Lunar）」の日本語訳ということが分かります。

そのホゼ博士の表記を、メムノシス・Jr.氏は、ＫＩＮ40からＫＩＮ52までの黄色い太陽のウェイブスペル（Wavespell）の中の2日目に位置しているということを、一目見て分かるようにと「２・赤い竜ＷＳ黄色い太陽」と、オリジナルの表記を編み出されたのでした。２０００年ごろの話です。

この、一見するとメムノシス・Jr.氏の独断と偏見とさえ思えるオリジナル表記ですが、前の太陽の紋章と後ろの太陽の紋章を表したことによって、想定外のシンクロニシティを見出せる事態が起きてしまったのです。

ＫＩＮ64とＫＩＮ１５３という2つのＫＩＮを例に見てみると、もともとの表記の仕方で展開すると、ＫＩＮ64「黄色い水晶の種」、ＫＩＮ１５３「赤い惑星の空歩く者」となります。

ところが、メムノシス・Jr.氏の創り出した表記法で展開すると、ＫＩＮ64「12・黄色い種ＷＳ赤い空歩く人」、ＫＩＮ１５３「10・赤い空歩く人ＷＳ黄色い種」となり、この2つのＫＩＮが２６０ＫＩＮの中でたった一組しか存在しない、前の太陽の紋章と後ろの太陽の紋章とがクロスになる関係の特別なＫＩＮ同士ということが見えてきます。

そして、２６０のマトリクスであるツォルキンの中に、このような前の太陽の紋章と後ろの太陽の紋章とがクロスになるＫＩＮは、銀河の音が９以上でなければ存在しないことや、２６０ＫＩＮの中に50組存在することが見えてきます。

さらには、このような特別なＫＩＮの組み合わせは銀河の音が13と９、12と10、11と11のペアになることにも気がつきます。

また、どうして「黄色い戦士―赤い月」は存在するのに「赤い月―黄色い戦士」は存在しないのか？　などを考えていくと、ツォルキンがわたしたちに伝えてくれていることが、哲学的な見地から考察することもできてきます。

わたしは、ツォルキンは宇宙哲学だと思っています。

このように、前の太陽の紋章と後ろの太陽の紋章を表記することで、これまで見えていなかった世界を垣間見ることが可能になったという意味では、メムノシス・Jr.氏の功績は、計り知れないものと言えるでしょう。

しかし、残念なことに、メムノシス・Jr.氏が亡くなられた後は、氏が編み出して定義した情報は、古代マヤ暦に伝統的にある占いと捉えられて利用されてしまい、本来の意図から遠くかけ離れたものとなってしまいました。

「20ある太陽の紋章」は、人に当てはめた場合に、前に持っていても後ろに持っていても、どちらでも、その太陽の紋章の質は持ち合わせていると考えます。

前の太陽の紋章、後ろの太陽の紋章どちらかの比重が大きいということはありません。

ですから、前の太陽の紋章の質の方が強いとか、後ろの太陽の紋章の影響の方が大きいなどということを論じること自体がナンセンスと言えるでしょう。

なぜなら、その太陽の紋章を持っていれば、その人の「質」を端的に表していることになるからです。

KIN247「13（宇宙）青い手 ─ 青い鷲」

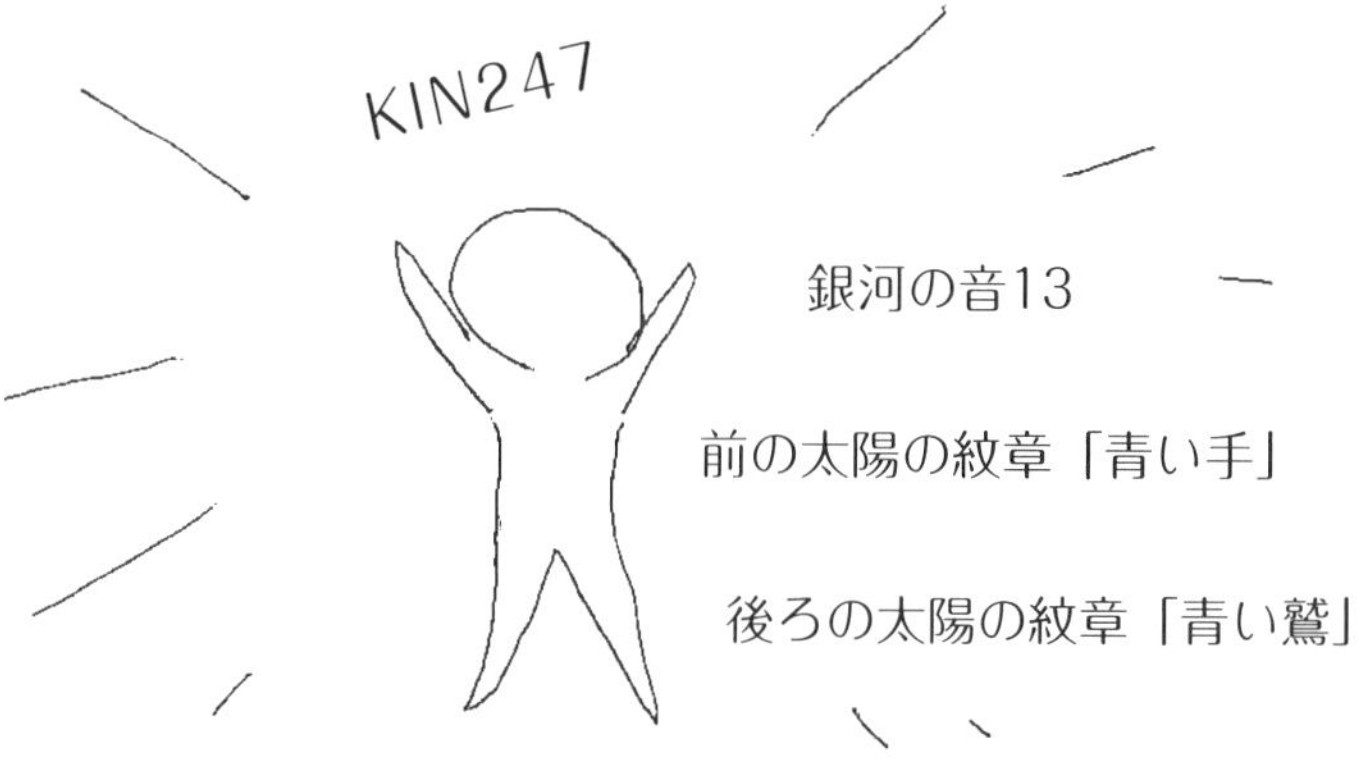

ぜーんぶ ひっくるめて KIN247でーす‼

第3章

人との振動数の干渉度合いを知る

ドリームスペル・オラクル・ガイド

銀河のマヤの父ホゼ・アグエイアス博士が遺されたものに、「ドリームスペル・オラクル・ガイド」と定義されてある概念があります。

「類似キン（ANALOG KIN）」「神秘キン（OCCULT KIN）」「反対キン（ANTIPODE KIN）」「ガイドキン（GUIDE KIN）」と名付けられた、謎の十字のような図が記されてあります。

86ページの表をご覧ください。

この「ドリームスペル・オラクル・ガイド」は、わたしたちが感覚的に感じていることを解き明かすことができます。

類似キン、神秘キン、反対キンを導き出す場合には、「20ある太陽の紋章」のそれぞれが持つ「コード番号（紋章コード）」を用います。

1　赤い竜

11　青い猿

2　白い風
3　青い夜
4　黄色い種
5　赤い蛇
6　白い世界の橋渡し
7　青い手
8　黄色い星
9　赤い月
10　白い犬

12　黄色い人
13　赤い空歩く人
14　白い魔法使い
15　青い鷲
16　黄色い戦士
17　赤い地球
18　白い鏡
19　青い嵐
0/20　黄色い太陽

まず、「類似キン」ですが、干渉関係を調べたい太陽の紋章のコード番号同士を「足すと19になる太陽の紋章」が、類似キンに該当する太陽の紋章となります。

例えば、「赤い竜」という太陽の紋章は、「コード番号1」を持っています。

「1」に何を足せば「19」になるでしょう？

正解は「18」です。

18のコード番号を持つ太陽の紋章は、「白い鏡」ですから、

ドリームスペル・オラクル・ガイド

DREAMSPELL ORACLE GUIDE

類似キン・神秘キン・反対キン・ガイドキン

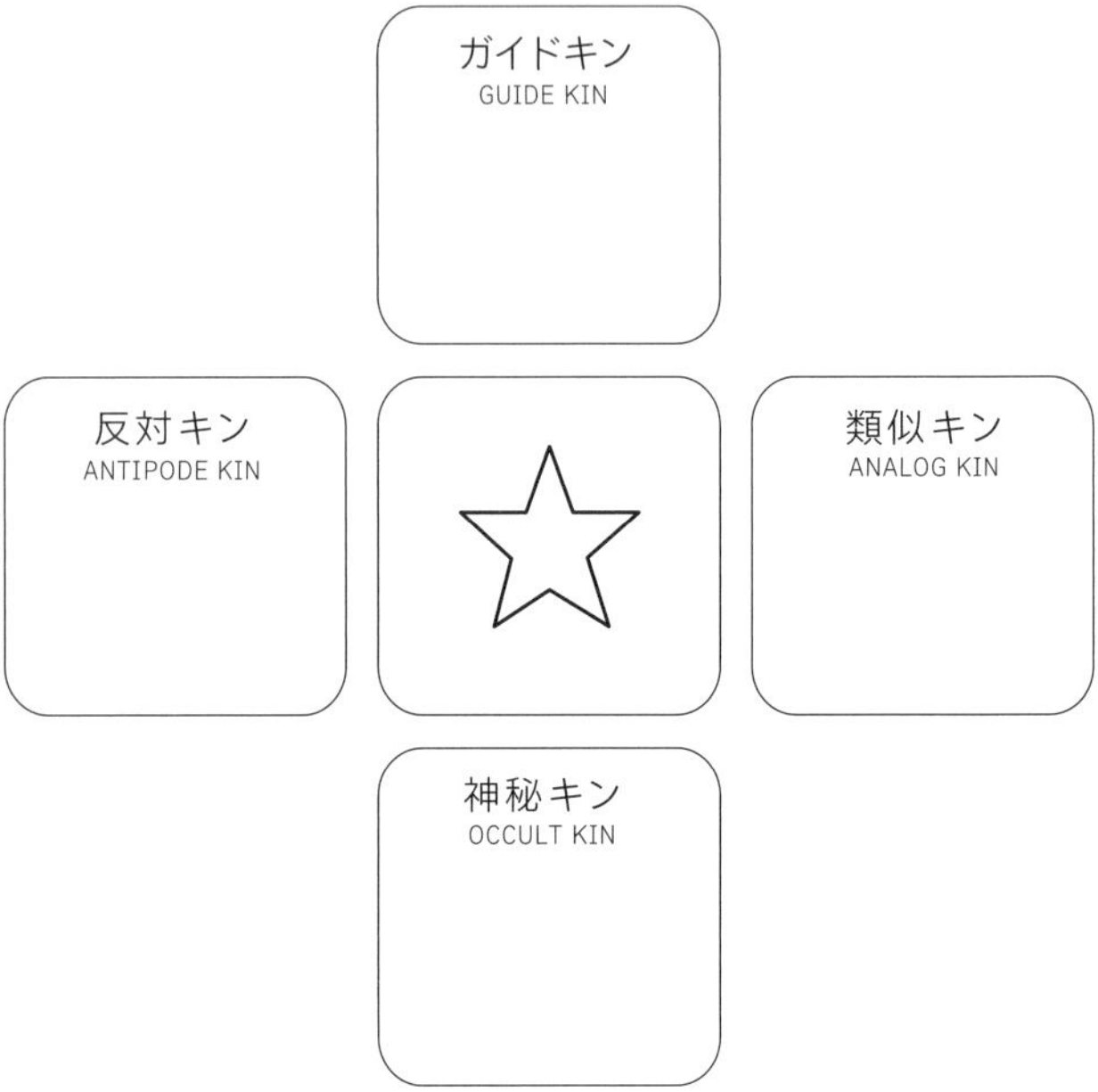

★関係性の求め方

類似キン	紋章コード同士を足すと **19** になる
神秘キン	紋章コード同士を足すと **21** になる
反対キン	紋章コード同士の差が **10** になる

「赤い竜」と「白い鏡」は、「類似キンの干渉関係」となります。

「青い嵐」は「コード番号19」です。「黄色い太陽」はコード番号が「0」でも「20」でもどちらでも良いのですが、「類似キン」を導き出す場合には、「黄色い太陽」は「コード番号0」で計算すると良いでしょう。


次に、「神秘キン」は、干渉関係を調べたい太陽の紋章のコード番号同士を、「足すと21になる関係の太陽の紋章」が、神秘キンに該当する太陽の紋章です。

例えば、「黄色い星」という太陽の紋章は「コード番号8」を持っています。

「8」に何を足せば「21」になるでしょう？

正解は「13」です。

13のコード番号を持つ太陽の紋章とは、「赤い空歩く人」ですから、「黄色い星」と「赤い空歩く人」は、「神秘キンの干渉関係」となります。


そして、「反対キン」は、干渉関係を調べたい太陽の紋章のコード番号同士の、「差が10になる関係の太陽の紋章」が、反対キンに該当する太陽の紋章です。

例えば、「赤い地球」という太陽の紋章は「コード番号17」を持っています。

類似キン・神秘キン・反対キン 早見表

ANALOG KIN　OCCULT KIN　ANTIPODE KIN

※ 数字は「紋章コード」

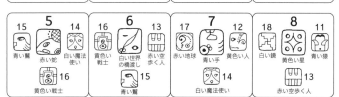

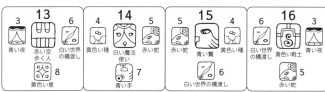

1 赤い竜	11 青い猿	18 白い鏡	0/20 黄色い太陽
2 白い風	12 黄色い人	17 赤い地球	19 青い嵐
3 青い夜	13 赤い空歩く人	16 黄色い戦士	18 白い鏡
4 黄色い種	14 白い魔法使い	15 青い鷲	17 赤い地球
5 赤い蛇	15 青い鷲	14 白い魔法使い	16 黄色い戦士
6 白い世界の橋渡し	16 黄色い戦士	13 赤い空歩く人	15 青い鷲
7 青い手	17 赤い地球	12 黄色い人	14 白い魔法使い
8 黄色い星	18 白い鏡	11 青い猿	13 赤い空歩く人
9 赤い月	19 青い嵐	10 白い犬	12 黄色い人
10 白い犬	0/20 黄色い太陽	9 赤い月	11 青い猿
11 青い猿	1 赤い竜	8 黄色い星	10 白い犬
12 黄色い人	2 白い風	7 青い手	9 赤い月
13 赤い空歩く人	3 青い夜	6 白い世界の橋渡し	8 黄色い星
14 白い魔法使い	4 黄色い種	5 赤い蛇	7 青い手
15 青い鷲	5 赤い蛇	4 黄色い種	6 白い世界の橋渡し
16 黄色い戦士	6 白い世界の橋渡し	3 青い夜	5 赤い蛇
17 赤い地球	7 青い手	2 白い風	4 黄色い種
18 白い鏡	8 黄色い星	1 赤い竜	3 青い夜
19 青い嵐	9 赤い月	0/20 黄色い太陽	2 白い風
0/20 黄色い太陽	10 白い犬	19 青い嵐	1 赤い竜

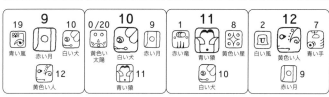

「17」と「差が10ある数字」となると「７」になりますね。

７のコード番号を持つ太陽の紋章とは、「青い手」ですから、「赤い地球」と「青い手」は、「反対キンの干渉関係」となります。

これらをまとめたものが、88ページの「類似キン・神秘キン・反対キン　早見表」です。

ガイドキンに関しては、90ページに「ガイドキン早見表」があるので、そちらをご覧になってください。

皆さんが調べたいＫＩＮのグリッド（マス目）に描かれている太陽の紋章を見てください。

太陽の紋章が、皆さんが調べたいＫＩＮのガイドキンにあたる太陽の紋章です。

ガイドキン早見表

1	21	41	61	81	101	121	141	161	181	201	221	241
2	22	42	62	82	102	122	142	162	182	202	222	242
3	23	43	63	83	103	123	143	163	183	203	223	243
4	24	44	64	84	104	124	144	164	184	204	224	244
5	25	45	65	85	105	125	145	165	185	205	225	245
6	26	46	66	86	106	126	146	166	186	206	226	246
7	27	47	67	87	107	127	147	167	187	207	227	247
8	28	48	68	88	108	128	148	168	188	208	228	248
9	29	49	69	89	109	129	149	169	189	209	229	249
10	30	50	70	90	110	130	150	170	190	210	230	250
11	31	51	71	91	111	131	151	171	191	211	231	251
12	32	52	72	92	112	132	152	172	192	212	232	252
13	33	53	73	93	113	133	153	173	193	213	233	253
14	34	54	74	94	114	134	154	174	194	214	234	254
15	35	55	75	95	115	135	155	175	195	215	235	255
16	36	56	76	96	116	136	156	176	196	216	236	256
17	37	57	77	97	117	137	157	177	197	217	237	257
18	38	58	78	98	118	138	158	178	198	218	238	258
19	39	59	79	99	119	139	159	179	199	219	239	259
20	40	60	80	100	120	140	160	180	200	220	240	260

20ある太陽の紋章

1		赤い竜 Red Dragon
2		白い風 White Wind
3		青い夜 Blue Night
4		黄色い種 Yellow Seed
5		赤い蛇 Red Serpent
6		白い世界の橋渡し White World-Bridger
7		青い手 Blue Hand
8		黄色い星 Yellow Star
9		赤い月 Red Moon
10		白い犬 White Dog
11		青い猿 Blue Monkey
12		黄色い人 Yellow Human
13		赤い空歩く人 Red Skywalker
14		白い魔法使い White Wizard
15		青い鷲 Blue Eagle
16		黄色い戦士 Yellow Warrior
17		赤い地球 Red Earth
18		白い鏡 White Mirror
19		青い嵐 Blue Storm
20		黄色い太陽 Yellow Sun

「日」の捉え方について

日常生活の中で、その日を意識するということは、誕生日や何かの記念日くらいしかないかと思います。

しかし、ツォルキンに意識を合わせるようになると、自分自身が持つ太陽の紋章と、その日に巡ってくる太陽の紋章とが、自分自身とどのような干渉関係（類似キン、神秘キン、反対キン、ガイドキン）にあたる日であるのか？　を、確認でき、体感できるようになります。

今日という日の全体に反映している波長、すなわちダークエネルギー（未知の素粒子）が分かるので、自分という固有の振動とのエネルギー的な関わりを知れるようになるのです。


だから自分は、今日このような感覚になるのか！

だから今日は、このようにエキサイティングな出来事が起きているのか！

最初は、体感するということが分かりにくいかもしれませんが、だんだんと、類似キンに該当する日と、神秘キンに該当する日の違いを体感できたり、反対キンの日、ガイドキンの日が、自分にとってどのような作用を及ぼしているのか？　を感覚的に理解できるようになるでしょう。


自分自身とその日全体との干渉関係を見る場合、その日のＫＩＮを展開すると、前の太陽の紋章はその日1日となりますが、後ろの太陽の紋章は13日間続きます。

なので、自分の持つ太陽の紋章と同じ13日間、類似キンの13日間、神秘キンの13日間、反対キンの13日間、ガイドキンの13日間、何も干渉関係のない13日間というように、いろんなパターンが存在することに気づきます。

その日１日だけでなく、13日間を連続して体感してみると、だんだんと20ある太陽の紋章のエネルギー的な質が感覚的に分かってくるので、ぜひ、意識することにチャレンジしてみてください。

よく、セミナーなどでこの説明をすると、質問されることがあります。

「自分と同じ太陽の紋章の日は、どのようなことが起きるのでしょうか？」

「わたしにとって類似キンの１日や13日間には、どんなことになるとかありますか？」

「神秘キンの日ってどんな感じですか？」と、体感の解答をこちらに尋ねてこられるのです。

それを、自身で感じていただきたいのです。

同じＫＩＮでない限り、家族であってもそれぞれ異なる太陽の紋章を持っているわけですから、人によって体感が変わってくることは容易に想像できるかと思います。

最初から、「類似キンの日はこのような日」「神秘キンの日にはこんなことが起きます」と定義してある方が楽かもしれないですが、それは、あまり好ましいことと思えません。

自分自身で、ツォルキンに表されてあるダークエネルギーを体感してみることが、意識の奥に封印されている13のリズムを思い出すためにも必要かと思います。

では、ＫＩＮが同じ人は、体感が同じなのでしょうか？

そうではありません。

同じＫＩＮの人というのは、「同じグループに属する人」という感じです。

広島の人、栃木の人、福岡の人というように、「どこどこ出身」と言うと、「どこどこの人」と言われますよね。

北海道の人にも、職業だけを見ても、アパレル、飲食、水商売、弁護士、消防士と、実にさまざまな職種の人がいます。

ですが、北海道出身と言うと、北海道の人と言われてしまいます。

北海道民だったら、みんな同じ体感をするのか？　というと、そうではないですよね。

それぞれ環境因子も違いますし、関わる人も違いますし、考えることも違います。

ですから、同じＫＩＮの人だから、同じ体感をしているか？　というのは違うかと思います。

しかし、全体的な視点から見ると、似たような体感はあるかもしれません。

それは、その街に雨が降ると、大なり小なり、全員が雨の影響を受けるような感じです。

ただ、自分で体感してみると言っても、感じることは人それぞれ、千差万別です。

自分で体感してみるほかに、周りをさりげなく観察してみるのも良いかもしれません。

「いまはお母さんにとってガイドキンの13日間だ！　どのようなことが起きているのか聞いてみようかな！」とか、「今日は会社の上司が反対キンの1日だ。どんな感じか黙って観察しちゃおう」なんて観察してみると、楽しみながら銀河のマヤツォルキンを体感することが習慣づいてきます。

では、自分自身が持つ太陽の紋章と、何も干渉関係が出てこない1日や13日間は、どのように捉えたら良いでしょう？

自分と同じ太陽の紋章の1日や13日間、または、自分にとって類似キン、神秘キン、反対キン、ガイドキンの1日や13日間は分かりやすく体感しやすいと言えます。

何も干渉関係が出てこない1日や13日間というのは、自分が保持する固有の振動と全く異なる波長が流れている1日や13日間ということです。

なので、「自分と全く異なる波長の日だなんて、どんなミラクルが起きるのだろう？」

と、むしろ楽しんで過ごされると良いかと思います。

しかし、いくら自分自身で体感することが大切と言われても、「日」を意識するという感覚がなかなか分からず難しさを感じてしまい、ツォルキンを意識することが続かないかもしれません。

それではせっかく銀河のマヤに巡り合ったのに大変もったいないことです。

そこで、体感しやすい干渉関係をお伝えしておきたいと思います。

それは、反対キンの1日、もしくは、13日間です。

反対キンの1日や13日間と、言葉だけを見てしまうと何だか良くないことが起こりそうと思ってしまいそうですが、そのような吉凶めいた捉え方ではありません。

もし反対キンの1日や13日間のことを「気をつけた方が良い日」だなんて教えてくれる人がいたとしても、そんなことありませんので安心してください。

反対キンの1日や13日間は、自分自身の保持している波長と、全体の波長とが激しく干渉する日と考えられます。

ですから、「チャレンジ、気づき、発見、思わぬ展開があって楽しい１日、もしくは13日間」と捉えると良いかと思います。

何か予定が入っている日のＫＩＮを調べてみて、自分にとっての反対キンの日になっていたなら、いつも以上の気づきがその日に待っているかもしれません。楽しみになりますね。

劇的なことばかり起こるわけではありませんが、何気なく反対キンの１日や13日間に話題になったことや、手に入れたものには、何かしら意味があって反対キンの日にその話題が上がったり、手にしているのかもしれないと考えると、これまでとは違う発見があるかもしれません。

日々を楽しむのは必要なことですが、「何かしら自分にとって示唆的な日なのだな」と、いつも以上にアンテナを張り巡らせていれば、記念日でもないのにワクワクして過ごすことができるのではないでしょうか。

また、過去を振り返ってみても、反対キンの１日や13日間だった時期を調べてみると、ハッとする発見があるかもしれません。

自分にとって忘れられない出来事があった日や、旅行に出かけていた期間、大変なチャレンジがあった時期など、銀河のツォルキンで当時のＫＩＮを調べてみると、もしかしたら、反対キンの日だったり、反対キンの13日間に起きていたことだったりするかもしれませんよ。

もちろん、必ずしも全てが反対キンの時に起きるわけではありません。

銀河のツォルキンは、非常に多層的で多角的なものなので、１つの側面からだけ見ていては分からないこともたくさんあります。

反対キンの１日や13日間に該当していないことが、後々さらにツォルキンを読み込めるようになってくれば、もっと深い発見や気づきにつながります。

最初は自分の反対キンの日を調べるので精一杯の状況から、だんだんと周りの人たちにも意識を向ける心のゆとりが出てくるでしょう。

ご両親やご兄弟姉妹にとっての反対キンの１日や13日間にも目を向けられるようになってくると、もっとツォルキンを意識できるようになるでしょう。

親御さんなら、「明日はうちの子にとって反対キンの１日だな。何かこの子にとってチャレンジする1日か楽しい1日になるのかな？」と思ったり、お子さんなら「あ、いまはお母さんにとって反対キンの13日間だ。何かあるのかな？」と、近況を聞いて話をしてみたりしても良いですね。

まとめると、「反対キンの1日や13日間に、起こる出来事、出会う人、見聞きすることなどは、今後の展開に必要なことととして捉えると良い」となります。

ぜひ、これから日の体感を大切にしてみてください。

「人」の捉え方

人間は「宇宙の縮図」と言われます。

実際その通りで、わたしたちの身体は、内臓や細胞の構成、また、シナプスや心臓などが微弱な電気で動いていることを見ても、宇宙とソックリです。

また、人間は「小宇宙」と言われることもありますが、「大宇宙」そのものです。

「人間は無限の可能性を秘めた存在」と言われる理由も、そのようなところからきているようです。

宇宙のフラクタル、それが、わたしたちです。

わたしたち自身と全体との干渉関係の次に説明するのは、わたしたち1人ひとりと、周囲の人たちや存在たちとの干渉関係です。

電波の干渉について

わたしたちは「固有の振動を保持している」と言われます。

頭が1つで、手足が2本ずつで4本あって、五芒星型のヒトデのような形をしていますが、これは、DNAの振動が同じだからです。

一方で、手足が8本ある人間や、目が7つある人間がいないのは、共通するDNAの振動を保持しているためです。

しかし、わたしたちの顔の形や、肉体的な特徴に個人差があるのは、わたしたち1人ひとりの固有の振動数が微妙に異なるからです。

人間1人ひとりは、「1つの個体」と見ることもできますが、身体の各部分は、それぞれ異なる振動を保持しながら全体を構成しています。

内臓には、それぞれ内臓諸器官が固有の振動数を持っています。

宇宙をイメージしてもらえば、何となく分かるかと思います。

広大無辺に思える宇宙空間の中に、星々が集まり、銀河を構成しています。

それら無数の銀河が集まり銀河団を形成していますが、わたしたちの身体で言えば、銀河団は内臓のようなものかもしれません。

さらに、銀河団より小さな銀河の集まりである銀河群や局所銀河群。

これは、細胞の集まりのようなものかと考えられます。

そして、あまた在る恒星たち。

天の川銀河だけでも1000億から2000億個の恒星が集まっていると言われています。

恒星たちは、わたしたちの身体で言えば、細胞1つひとつといった感じでしょうか？

もっと小さな単位かもしれません。

このように、宇宙は、わたしたちの身体とソックリです。

いま話していることは、物理的な身体と、目に見える物質的な宇宙の話です。

今度は、目に見えない、わたしたちの心や意識について考えてみると、意識にも振動数の違いがあります。

感謝や慈愛と、不安や怒りとでは、意識の振動数は、まるで違うでしょう。

宇宙にも、目に見える3次元の物質的な側面はもちろん、そのロゴス、ヌースとしての、目に見えない側面もあります。

意識や心というものは、目には見えませんが、確実に存在していることは間違いありません。

先ほども述べましたが、目に見えないものは、存在しないということではありません。

目に見えないということは、存在しているのだけれど、わたしたちの可視光線の範囲では捉えられないだけなのです。

そのように考えると、わたしたちの意識にも、それぞれ異なる波長があるはずです。

想念と呼ばれる、心で感じたことや念じたことは、放射されています。

これは、量子力学的な観点から考えても、まず間違いないと言えるでしょう。

わたしたちは、身体から何らかのエネルギーを放射していますし、想念波と呼ばれる電磁気エネルギーを放射しています。

ですから、高次元の「銀河連盟」では、わたしたちヒューマノイド型の生命体のことを「五芒星型放射有機体」と呼んでいます。

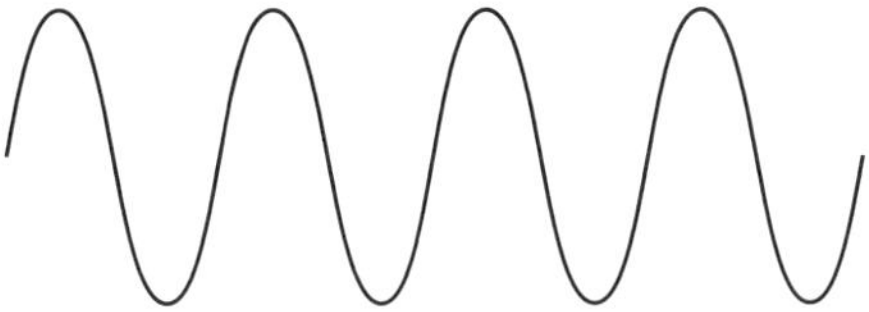

周波数

ところで、タイトルにある電波とは、読んで字のごとく電気の波(Radio Wave) のことです。

正確には電磁波と言います。

振動数や周波数を説明する際に、上の図のような山と谷の線の図が描かれることがありますが、この山と谷の波のことをサイン波と言います。

山から山への距離を「波長」、山から山への時間を「周期」と言います。

周波数とは、１秒間にサイン波の山の数がいくつあるのか？　波の1サイクルが1秒間に何サイクルあるのか？　を表す単位です。
単位は、Hz（ヘルツ）で表されます。
Hz（ヘルツ）
k Hz（キロヘルツ）……Hzの1000倍
M Hz（メガヘルツ）……Hzの100万倍
G Hz（ギガヘルツ）……Hzの10億倍
T Hz（テラヘルツ）……Hzの1兆倍
と大きくなっていきます。
単位が大きくなればなるほど、1秒間にあるサイン波の数が多いということです。
山の高さを「振幅」と呼び、「振幅」が大きいほど強い電磁波ということになります。
「周波数」が高い波ほど、「波長」は短くなります。

干渉とは？

電磁波には「干渉」と呼ばれる現象があります。

これは、2つ以上の電磁波が重なり合うと起こることです。

例えば、同じ電磁波同士が重なると、「振幅」が2倍になります。

反対の電磁波が重なると、打ち消し合って消えてしまいます。

実際には、このような単純なものではありませんが、「電磁波というのは干渉し合う」ということを理解していただければ十分です。


そして、この「電磁波が干渉し合う」ということは、わたしたちにも起きていることなのです。

先ほど、身体を構成している細胞や内臓には、それぞれ振動数があるという話をしましたが、量子論的に言うと、全ての粒子は振動しているわけですから、結局のところ、わたしたちの身体も心も、全ては波動性を持った波、つまりは、電磁波なのだということなのです。

身体が、強い電磁波を浴び続けると、体調が悪くなることがあります。

異なる波長の周波数の振動により、板の上の粒子の形が変わる映像をご覧になったことはありませんか？　YouTubeで「サイマティクス実験」で検索してみてください。

人体に有害な電磁波を浴び続けると、遺伝子損傷を起こして、ガンが発生したりする理由は、電磁波の振動が人体の振動に影響を及ぼすためです。

目に見えないからと言って、電磁波のことを気にかけていなかったりすると、自分自身の身体を形成する振動を乱されてしまうということです。

人を見るということ

わたしは、ツォルキンで人との関係性を見たりすることを「良くないこと」とは思いません。

銀河のツォルキンを蔑ろにしているわけではありません。

思いやりの心を持ち、相手の立場になり、ツォルキンから読み解けることを誠実に伝えるのであれば、人との関係性を見ても良いのではないかと思っています。

銀河のツォルキンで垣間見えてくる「人との干渉関係」は深いです。

とてもではありませんが、これから説明する、類似キン、神秘キン、反対キン、ガイドキンだけでは解明することのできない、魂レベルで申し合わせたこととしか思えないような、複雑で絡み合う糸のようでありながら、実に見事な関係性が、ツォルキンには数字の配置として記されています。

ですから、類似キン、神秘キン、反対キン、ガイドキンで近しい人との関係性が出てこないから「おかしい……」などと言っていること自体が薄っぺらいのですが、まずは、基本の部分をきちんと押さえておかないと、応用を利かせることなど夢物語だと思います。

ですから、これから類似キン、神秘キン、反対キン、ガイドキンを用い、「人との干渉関係」を見る場合に把握しておくべき基本の部分を説明したいと思います。

何度も言いますが、類似キン、神秘キン、反対キン、ガイドキンで、全ての関係性が解明されるわけではありません。

短絡的に相性を見たり、結婚相手を判断したりするものでは決してありません。

また、人との関係性を見ることだけが目的になってしまうと、それは非常にもったいない、偏った扱い方になってしまいます。

「人との干渉関係」を知ることで、ツォルキンに表された宇宙哲学とさえ言える世界を垣間見るきっかけになればと思います。

類似キン

では、まず初めに「類似キン」について説明したいと思います。

「類似キン」は、ホゼ・アグエイアス博士によって「ANALOG KIN　アナログキン」と定義されています。

「ANALOG　アナログ」という単語は、もともとギリシャ語で「比例」を表す「ανα λογια　アナロギア」から来ていると言われています。

そのギリシャ語が、英語で「類似」「相似」「比喩」を意味する「ANALOGY　アナロジー」になり、アナロジーが転じてアナログとなったそうです。

「似ている」「関連がある」という意味で用いられることが多いでしょうか。

アナログという言葉で、よく「わたし、アナログ人間なので〜」という風に使われますが、あれは、本来のアナログの意味ではないようです。

アナログとは、「連続性を表している」「並べると同じである」という意味だけでなく、滑らかな波長、無理のない波長のようなニュアンスの意味を持ちます。

そのように考えると、太陽の紋章における干渉関係で類似キンの関係に該当する人というのは、似たもの同士と言うか、空気のような存在、お互いにあまり気を遣わない関係なのかもしれません。

一緒にいることがフツーだったり、同志のような関係でしょうか。

例えば、夫婦で類似キンだと似たもの夫婦、親子で類似キンだと似たもの親子という表現がピッタリです。

「うちの子が旦那にソックリなんですよ」

ＤＮＡは親から引き継いでいますから、顔が似ているとか、体型が似ているのは「類似キン」の関係でなくても、よくあることです。

顔とかではなくて、「類似キン」の関係の親子さんだったりすると、考え方やものの見方や捉え方が似ているかもしれません。

また、「類似キン」の関係の相手さんに対しては、年が離れていても、タメ口で話せたり。

年齢差を感じさせないところがあるかもしれません。

類似キン

最近は、年の差婚が増えていますが、だからといって、年の差婚のご夫妻が、皆さん類似キンご夫妻ではありません。

芸能界だと、俳優の戸田恵梨香さんと、旦那さんの松坂桃李さんのお2人は類似キンの関係のご夫妻です。

戸田恵梨香さんは、結婚報道があった際に、「松坂桃李さんとは似ているところがあって、一緒にいると楽」という旨のコメントをされていましたが、実際、銀河のツォルキンで見ると、類似キンの関係になっています。

神秘キン

次に、神秘キン。

「神秘キン」は「OCCULT KIN　オカルトキン」と定義されてあります。

「OCCULT」という単語には、「神秘的な」「不思議な」という意味があります。

秘術や錬金術的なもの、魔術的なものに対しても「オカルト」という言葉を使うことがあります。

太陽の紋章における干渉関係で、神秘キンの関係に該当する人というのは、不思議な関係、魔術的な関係ということになります。

もう少し分かりやすく表現すると、言葉が要らない関係、不思議に通ずる部分がある関係という感じでしょうか。

不思議な相乗効果をもたらす関係なのが、どうやら神秘キンの干渉関係にある人のようです。

神秘キンの関係で、お付き合いしている男女がいたら、周りからも「あの２人は仕方ないな……」と言われるくらい仲が良いお２人かもしれません。

神秘キンの関係で、ご夫婦でしたら、結婚してからも子どもを親に預けて、２人の時間を大切にされるくらい仲が良いお２人かもしれません。

神秘キンの関係で、親子でしたら、娘さんが思春期で反抗期になっても、お父さんと仲良しかもしれません。

皆さんも、電車に乗っている時や街なかで、パッと見てタイプの人とかいませんか？

「あら、何かあの人いい感じ」と思うような人。

もしかしたら神秘キンかもしれません（笑）。

どのような感じで神秘的なのか？　と言うと、例えば、ある本を読み、とても感銘を受けたとします。

そのことを神秘キンの関係の友人さんに話すと、返ってきた言葉が、「あ〜、その本、先週読んだ」みたいな感じです。

どうしてすでに読んでいるの？　という不思議さがあるような。


類似キンも仲良しな関係で、神秘キンも仲良しだと同じでは？　と思いますが、イメージ的には、類似キンが＋《プラス》な関係とすると、神秘キンは×《カケル》のような関係です。

１００＋０は１００ですが、１００×０は０になってしまいます。

神秘キンとは、そのような不思議な干渉関係です。

例えば、ツォルキンで調べてみたら、親戚の中で一番大嫌いな叔母が神秘キンの関係だったとか、会社で一番キライな上司が「神秘キン」だったなんてことがよくあります。

マヤ個人セッションで、ご夫妻の干渉関係を見させていただくと、神秘キンの関係になるご夫妻さんでしたので、「旦那さんとは仲良しのご関係ですね」と伝えました。

すると奥さんが、「わたしが旦那と仲良しですって？　この前も、旦那と口論になって、あの人、わたしに殴りかかってきましてね！　頭から血が流れてきたんですよ！　もう、傷害事件で警察に通報してやろうかと思いましたよ！」

これは、どういうことなのでしょうか？

神秘キンは、良くも悪くも不思議な相乗効果をもたらす関係だからです。

神秘キンは、不思議と通ずる部分がある関係なので、その人が一番イヤなことも分かってしまいます。

だから、神秘キンの干渉関係の相手を敵に回してしまうと、一番厄介な存在になってしまうこともあるわけです。

芸能界だと、タレントの有吉弘行さんと、マツコ・デラックスさんのお2人は神秘キンのご関係です。

お2人とも、とても面白く、ユニークですが、共演されている時のトークは本当に絶妙で、呼吸が合っている印象が強いです。

有吉弘行さんは、奥様の夏目三久さんとも神秘キンのご関係です。

必ずしも、神秘キンの関係であれば何の問題もないか？　と言うと、そのようなことではありません。

神秘キン

お互いに対する思いやりの心があれば、どのような関係でも仲良くやっていけるでしょう。

いくら神秘キンの関係であっても、相手に対して信頼を失うような行動をすれば、嫌われるのは当然です。

反対キン

続いて、反対キン。

「反対キン」は「ANTIPODE KIN　アンティポードキン」と定義されてあります。

「ANTIPODE」とは「正反対のもの」という意味の単語です。

この反対キンが、相性が良くないという風に誤解されることが多いようです。

反対キンと書いてあったら、そのように受け取ってしまいかねません。

太陽の紋章における干渉関係で反対キンに該当する人というのは、特に縁が深い関係です。

反対という言葉だけ見てしまうと、良くないイメージを抱いてしまうかもしれませんが、反対キンは陰と陽のような関係です。

どちらが陰で、どちらが陽ということではなく、どちらも欠けてはならないような関係を表しています。

ただならぬご縁のある関係と思って良いでしょう。

反対キンの関係の親子でしたら、わざわざ、ご両親と反対キンの関係で生まれてこなくても良いわけです。

同じ太陽の紋章や類似キンの親のところに生まれてくれば良いところを、反対キンの関係として生まれてくるということは、ただでさえ親子という関係は、深い関係ですが、よほどのご縁ある魂なのだと思った方が良いでしょう。

反対キンの関係のお姑さんでしたら、わざわざ反対キンのお姑さんがいる家に嫁がなくても良いと思いませんか？

神秘キンのお姑さんだったら、とても仲良しかもしれないわけです。

そのような関係の人が義理の母となるわけですから、よほどの魂レベルで申し合わせた深い関係ではないでしょうか。

反対キンの関係のご夫婦でしたら、わざわざ反対キンの人と結婚しなくたって良いわけです。

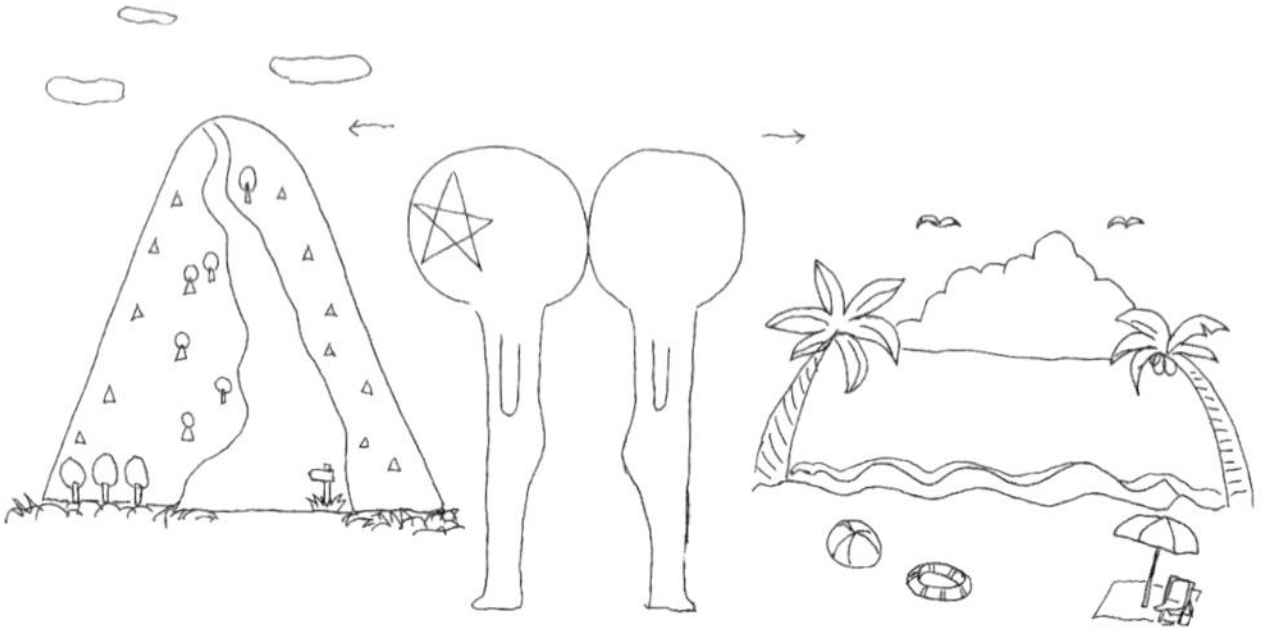

反対キン

夫婦は、よほどの縁がないとなれない関係ですが、反対キンの関係にあたるご夫妻だとしたら、さらにつながりの深い関係のご夫妻となります。

反対キンという干渉関係は、お互いに得るものが大きい関係です。


すごく近いところにいるのだけれど、後頭部をくっつけ合って、背中合わせでへばりついているような関係です。

見ている方向が異なる、重きを置いているものが異なる、大切にしているものが異なる関係です。

では不仲になるのでしょうか？

反対キンに該当する人同士は、お互いにとても惹かれ合う関係です。

人にはないものねだりというところがありますから。

大恋愛の末に、見事ゴールインされる2人は、反対キンが多いのです。

芸能界だと、松本伊代さんとヒロミさんは、反対キンのご関係です。とても仲睦まじいご夫妻です。

また、KinKi Kids の堂本光一さんと堂本剛さんのお２人も反対キンのご関係です。とんねるずの石橋貴明さんと木梨憲武さんのお２人も反対キンのご関係です。

反対キンの関係の人は、コンビを組んで、お互いに協力し合っている関係が多いです。決して、相性が良くないなどということではありません。

どのような関係でも、お互いを尊重し合い、感謝の想いを相手に抱いていれば、言ってしまえば干渉関係などはどうだって良いわけです。

反対キンに該当する人に対しては、お互いの価値観を押しつけると良くありません。どのような関係であっても、もちろん、価値観を押しつけることは良くありませんが、反対キンの関係になる相手には「特に」です。

お互いの価値観を認め合うと、とてもステキな関係を築けます。

ガイドキン

そして、ガイドキン。

「GUIDE KIN　ガイドキン」は、ガイドしてくれる存在なのかな？　と思ってしまいます。

確かに、ガイドキンですから、導いてくれるような存在と考えても良いでしょう。

しかし、例えば、奥さんにとって旦那さんがガイドキンの関係だとして、「あなたを導いてくれる存在は旦那さんです」と言われても、奥さんはちょっとどうして良いか分からないです。

確かに、旦那さんが働いて、稼いできてくれた給料で生活しているのであれば、導いてくれる存在と言えば、導いてくれる存在にはなりますが、ガイドキンのことを「導いてくれる存在」とだけ捉えていると、いろいろとややこしい問題が発生してきます。

ガイドキンについて、１１９ページの図で説明すると、☆の太陽の紋章を持つＫＩＮの人から、ガイドキンに該当する太陽の紋章を持つ人の方に矢印が向いています。

対して、ガイドキンの太陽の紋章を持つ人からは、☆の太陽の紋章を持つＫＩＮの人に

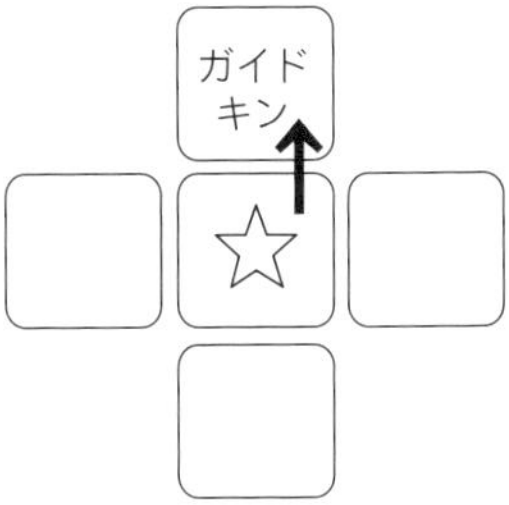

矢印は伸びていません。

ここがポイントです。

ガイドキンに該当する太陽の紋章を持つ人は、☆の太陽の紋章を持つKINの人に対して、導いてやろうとは思っていないのです。

ガイドキンに該当する太陽の紋章を持っている人が、何気なくしていることが、☆の太陽の紋章を持っているKINの人のプラスになっているという感じです。

つまり、☆の太陽の紋章を持つKINの人を、ガイドキンの太陽の紋章を持つ人が引っ張ってくれるような感じです。

元プロボクサーの亀田大毅さん、亀田興毅さんのお2人にとって、ガイドキンの関係にあたる存在は、父親である亀田史郎さんです。

父親である亀田史郎さんが、ボクシングのコーチでした。

日本の音楽ユニットYOASOBIのボーカルのikura（幾田りら）さんのガイドキンの関係にあたる存在は、コンポーザーのAyaseさんです。

Ayaseさんが Instagramでikuraさんを見つけてボーカルに選んだエピソードは有名です。

女優の北川景子さんのガイドキンにあたる関係の存在は、旦那さんのDAIGOさんです。

バラエティー番組で共演した際に、DAIGOさんの面白さに北川景子さんが大爆笑され、急速に仲良くなっていかれた経緯があります。

X JAPAN(エックスジャパン)のYOSHIKIさんのガイドキンは、お笑い芸人で映画監督のビートたけし(北野武)さんで、ボーカルのToshlさんのガイドキンの関係にある存在は、お笑いタレントの高田純次さんです。

YOSHIKIさんとToshlさんが一躍有名になったのは、ビートたけしさんと高田純次さんが出演した番組『天才・たけしの元気が出るテレビ!!』で、「ヘビメタを探せ」というコーナーがあり、そこで2人が紹介されたことがきっかけでした。

ガイドキン

例えば、ガイドキンの太陽の紋章を持つ友人が、いつも新発売の商品や、おすすめの本を教えてくれるといった感じで、友人は導いてやろうとは、これっぽっちも思っていないわけです。

奥さんのガイドキンにあたる太陽の紋章を持っている

のが旦那さんだとすると、奥さんが「旦那がわたしに惚れたんですよ」と言っていても、やっぱり奥さんが旦那さんの方に引っ張られている感じです。

高校の部活の後輩が☆の太陽の紋章を持つＫＩＮで、部活の先輩がガイドキンに該当する太陽の紋章を持っていたりすると、後輩から先輩に対して矢印が向いているわけですから、後輩から見た先輩は神々《こうごう》しく映るわけです。

つまり、ガイドキンという関係にあたる存在は、☆の太陽の紋章を持っているＫＩＮの人にとって「気になって仕方がない存在」と言えるでしょう。

ちなみに、ガイドキンに該当する太陽の紋章を持つ人のことを、☆の太陽の紋章を持つＫＩＮの人が「気になって仕方がない」のは、親子であっても、兄弟姉妹であっても、職場の上司であっても、どのような場合でも成立します。

親子の場合は例外になる、などということもありません。

このように、類似キン、神秘キン、反対キン、ガイドキンが分かってくると、周りの人との干渉度合いが分かるようになりますから、かなり腑に落ちることが多くなってくると思います。

何も関係性が見出せない場合

銀河のツォルキンには、類似キン、神秘キン、反対キン、ガイドキンの4つしかありません。

4つに当てはまらない場合でも「縁が薄い」や「相性が良くない」などと、そのような短絡的なものではないと思います。

20ある太陽の紋章で、同じ太陽の紋章や、類似キン、神秘キン、反対キン、ガイドキンと、干渉関係が出てくればその関係性は分かりやすいです。

何かしら干渉関係が出てくれば良いのですが、一番の問題は、何も干渉関係が出てこない場合です。

銀河のツォルキンで、太陽の紋章同士の干渉関係を確認した際に、「何も関係性が見出せない場合」について解説したいと思います。

同じ太陽の紋章でもない。

類似キン、神秘キン、反対キン、ガイドキンの関係でもない。

他方、銀河の音を、人に当てはめて考えた場合、同じ銀河の音は似たような波長であるため、感覚的に通ずるものがあったりします。

しかし、銀河の音は、その人の価値観を表すものとは違うので、たとえ銀河の音に何らかの関係を見出せたとしても、太陽の紋章の関係がなければ、関係性を見出せない関係になります。

　本書は、銀河の音について解説するものではなく、太陽の紋章に特化した内容なので、銀河の音に関しては、別の機会に情報を公開できればと思っています。

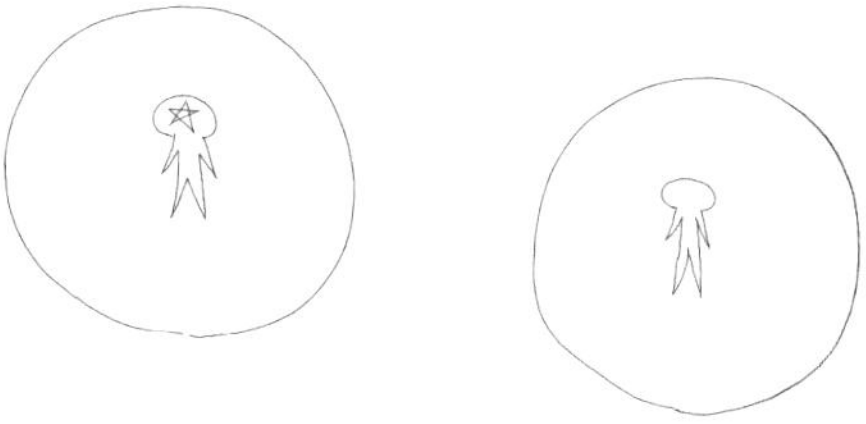

何も関係を見出せない関係

世の中には、関係性を見出せない関係の人が数えきれないほど存在します。

関係性を見出せない関係は、どのように捉えれば良いのでしょうか？

これは、非常に大切なことですから、きちんと知っておいてください。

関係性を見出せない関係ということは、客観的な立場からお互いを見ることができる関係と言えます。

お互いに遠くから見ている感じです。

外から見た客観的なアドバイスができる関係ですから、関係性を見出せない関係の人の方が、いざと言う時には頼りになります。

こちらが悩んでいることは、相手からすると、「そんなこと、あまり悩まなくて良いんじゃないの？」と映り、相手が深刻に受け止めていることは、こちらからすると、「そんなことにいちいちこだわらなくても良いんじゃない？」という風に映ります。

ですから、外からの意見を聞きたい時には、関係性を見出せない相手から意見を聞く方が良いわけです。

「これどう思う？」「わたしだったら買わないけどなぁ」

「これ最高だろ！　間違いないだろ！」「騙されているんじゃないの？」と言った感じでしょうか。

なので、関係性を見出せない関係というのは、「死角がない関係」「良き相談相手」となります。

関係性を見出せない関係は、サプライズプレゼントができます。

「そんなの買ってくるなんて夢にも思ってなかった」となるわけですから、感激も大きいでしょう。

「え？　今日、何か記念日だったっけ？」「いや、キレイだったから買っちゃったよ」

会社の昼ごはんにカレーライスを食べて帰宅したら、晩ごはんもカレーだったりするのが、関係性を見出せない関係だったりします（笑）

決めつけたらいけませんが。

お付き合いしている男女で、関係性を見出せない関係の２人だとしたら、

「今度、食事でも行こうか？」

「え！　どこに連れて行ってくれるの？」

「まぁ、楽しみにしていてよ！」

なんて言われたら、どこに連れて行ってくれるのか全く分かりませんからドキドキしますよね（笑）。

彼女から2週間連絡がなかったりしたら、何しているのか全く分からないわけですから、「どうして連絡くれないのだろう？　もしかして、他に好きな人ができたんじゃないだろうか⁉」と、ハラハラしますね。

関係性を見出せない関係の方が、ミステリアスですし、駆け引きもできて楽しかったりします。

ですから、関係性を見出せない関係だからといって、一概に「相性が良くない」とか「縁が薄い」などという短絡的なことにはならないと思います。

実に奥深い関係なのです。

関係性を見出せない関係ということは、何を考えているのか分からない関係です。

「何を考えているのか分からないですって？　うちの子は唐揚げが大好きですけど⁉」

そういうことは、家族だとすれば、長い付き合いですから分かるでしょう。

「大体うちの旦那は、毎朝、公園まで散歩に行っているんですよ」とか、「うちの奥さんは、いつも大体こういう格好しているんですよ」とか、そういうことは分かります。

ですが、関係性を見出せない関係というのは、親子関係だと、「息子が何を考えているのか？」「娘がどのような言葉を求めているのか？」「子どもがこれから何をしようとしているのか？」を、きちんと話してくれないと分からないということです。

逆もまた然りで、「お母さんが何を考えているのか？」「お父さんがどんなことを自分に求めているのか？」「親がどんな想いで言っているのか？」などを、きちんと話さないと分からない関係なのです。

母親という立場からすれば、「わたし、自分の子どものことを分からないなんて思っていませんけど」と、思われるお気持ちは分かります。

母親は、たくさんいる子どもの中から、自分の子どもの声は聞き分けられると言われるくらいですから、自分の子どものことは理解していると思われているでしょう。

以心伝心という言葉もありますし、家族のルールもあるでしょう。

ですが、高次元からの宇宙情報としての銀河のツォルキンが、「この2人は、何も干渉関係が見出せない関係ですよ」と教えてくれるわけですから、それは決して間違いではありません。

もちろん、何も関係性を見出せない親子の場合であっても、しっかりと親子で話をしていれば、何の問題もありません。

だけど、黙られるとお互いに分からなくなってしまう関係なのです。

もし、「関係性を見出せない親子」だったら、お子さんの幼少期から実にさまざまなことが、家庭内で展開していたのではないかと思われます。

ご両親が何も関係性を見出せない関係のお子さんに対して、「お前の人生は、お前の好きに生きたら良いよ」と言ってくれていれば良いですが、生き方や興味のあることに対して、我が子のために良かれと思って親の意向をすすめていたとすると、お子さんは自分のしたいことができない状態でいたかもしれません。

自分の子どもと関係性を見出せない関係だとすると、親は何を考えているのか、さっぱり分からない我が子のことが、心配で仕方がありません。

もちろん、親は、自分の子どものことは心配です。

ただでさえ心配な自分の大切な子どもが、関係性を見出せない関係の場合には、心配のレベルが違います。

「この子、きちんと1人で生きていけるのだろうか？」
「この子、きちんと人様とお付き合いできるのかしら？」
「きちんとごはんを食べているのかしら？」

関係性を見出せない関係の親子で、ひどい場合には、「うちの子、短命なんじゃないだろうか？」とまで思うケースもあるようです。

ですから、関係性を見出せない関係の場合に、過干渉になることもあります。

ツォルキンを通して、どうしてこれほどまでに心配になるのだろう？　の理由が分かれば、心配だけど信頼して見守ろうと、ポジティブな意識でいられるのではないでしょうか。

このような感覚は、お子さん側の方からも同じです。

小さい頃から、「もしかして迎えに来ないのではないだろうか……」という不安があるようです。

ですから、朝、幼稚園や保育園でママとサヨナラする時に「イヤだあ〜!!　ママぁ〜!!」と、大泣きする子どもさんも多いですが、関係性を見出せない関係だとしたら、単なるわがままや怖がりではないのです。

不安を解消してあげるように、きちんと説明をしてあげた方が良いかと思います。

他のお子さんと比較して、「ほら、誰々ちゃんはお利口さんに遊んでいるわよ！　あなたも遊んでらっしゃい」と言ったり、お子さんが目を離した隙に、お母さんが全力疾走していなくなったりしたら、「ぎゃあ〜〜!!　ママ〜〜〜!!」となり大変ですよね。

ですから、親子で関係性を見出せない関係の場合には、お互いに心配なのだろうなという前提で話を聞いて差し上げた方が良いかと思います。

関係性を見出せない関係ということは、全く異なる世界観を持っている存在ということです。

親子でも兄弟でもご夫妻でも、全く異なる発想や視点で物事を見ている存在なわけですから、いろんな意味で面白い存在でしょうし、惹かれるところがあるかと思います。

ですから、「家族なのだから」とか、「親子なのだから」とか、「血を分けた、たった1人の兄弟なのだから」という、世間一般の社会通念で見てはいけない関係です。

関係性を見出せない関係というのは、「なるほどな、こういう考え方もあるのだな」ということを教えてくれる貴重な存在と言えるでしょう。

関係性を見出せない関係の人というのは、お互いに、その人の存在丸ごと、何もかも、そのまんま、全てが学びと言える関係です。

故に、会社のブレーンとなるメンバーや、親友だったり、大恋愛の末に結婚されたご夫妻や、師匠と弟子の関係などは、何も関係性を見出せない関係が多かったりします。

木村拓哉さんと工藤静香さんも、関係性を見出せない関係のご夫婦です。

「関係性を見出せない関係の夫婦の場合、『子はかすがい』になっている場合には大丈夫」という捉え方があるようですが、そのようなことはありません。

子どもがいなくても、何も関係性を見出せない関係で仲良くされているご夫妻も大勢います。

これまでマヤ個人セッションをしてきて、５人家族全員が何も関係性を見出せない関係の家族だったこともありましたし、何も関係性を見出せない関係で、とても仲の良い家族をたくさん見てきました。

関係性を見出せない関係ですが、世の中の夫婦や男女は何も関係性を見出せないケースが大半です。

類似キンや神秘キンや同じ太陽の紋章の方が稀なのです。

家族でも、何も関係性を見出せない親子や兄弟姉妹もたくさんいます。

三浦友和さんと山口百恵さん、土屋太鳳さんと片寄涼太さん、岡田准一さんと宮﨑あおいさん、南海キャンディーズの山里亮太さんと蒼井優さん、きゃりーぱみゅぱみゅさんと葉山奨之さん、皆さん関係性を見出せないご夫妻です。

だからといって「縁が薄い」ことはありません。

お互いが相手に対して思いやりの心を抱いて接していれば、「相性が良くない」などということにはならないと思います。

ツォルキンで見えてくる干渉度合いというものは、そのような稚拙なものではないのです。


要するに、関係がどうこう言う以前に、お互いに相手を思いやる気持ちがあるのか？が、当たり前ですが大切になってくるということですね。


関係性がない人ほど面白いということも事実です。

皆さんもこれからたくさんの実際の関係を、銀河のツォルキンで垣間見ていかれると、その大変な情報に驚嘆されることになるかと思います。

20ある太陽の紋章の質を、それぞれ反対キンで見ていく

銀河のマヤツォルキンにある20ある太陽の紋章は、惑星コード番号1の『赤い竜』から、10の『白い犬』までと、惑星コード番号11の『青い猿』から、20の『黄色い太陽』までが、それぞれ反対キンの関係として対応しています。

ペアみたいなものと捉えてもらえれば良いかと思います。

反対キンの関係になっている太陽の紋章を見ていくと、そこからさまざまな意味を見出せることがあります。

ですので、本文中に、反対キンの関係の太陽の紋章という表現が出てきますが、そのような概念があるのだなという感じで読み進めていただければと思います。

銀河のマヤ反対キンの関係の太陽の紋章

1　赤い竜　　11　青い猿
2　白い風　　12　黄色い人

3 青い夜
4 黄色い種
5 赤い蛇
6 白い世界の橋渡し
7 青い手
8 黄色い星
9 赤い月
10 白い犬

13 赤い空歩く人
14 白い魔法使い
15 青い鷲
16 黄色い戦士
17 赤い地球
18 白い鏡
19 青い嵐
0/20 黄色い太陽

第４章

「20ある太陽の紋章」が教えてくれる「人の持つ質」

1990年にホゼ・アグエイアス博士によって提唱された「13 Moon Calendar」ですが、もともと「13 Moon Calendar」や、その中に展開される銀河のツォルキンを用いて、「人を見る」という概念はありませんでした。

アルクトゥルスの「銀河のマヤ」から情報を受け取っていたホゼ・アグエイアス博士も、ツォルキンで人を見るなどという行為は、生前に一度たりともしていませんでした。

ホゼ博士が、地球で実現しようとしていたことは、地球人類規模でのテレパシー場の統合でした。

そのような重要任務を帯びた人が、ツォルキンを使って人を見るなどという行為をするわけがありません。

「ツォルキンを用いて人を見る」という行為を、世界で初めて行ったのはメムノシス・Jr.氏です。

では、銀河のツォルキンを用いて人を見るのは良くない行為なのでしょうか？

わたしは、人を見ても良いのではないかと思っています。

なぜなら、20ある太陽の紋章を知り、ベースに持っている「質」が分かることによって、自分自身のことを全肯定できるのであれば、大いに見た方が良いのではないかと思うからです。

先ほども言いましたが、人間は宇宙の縮図であり、わたしたちは宇宙そのものなのです。であるならば、人を見ることは、その人を通して宇宙を見るということになるのではないでしょうか。

人間という宇宙を介してでないと、宇宙の秩序や宇宙の法則を見ると言っても、単なる絵空事、抽象的なものとなってしまうのではないかと思います。

人を見ることを否定するということは、「自分の内にある宇宙を見てはいけないよ」と言っているのと同じことにならないでしょうか。

ですので、この章では、20ある太陽の紋章を１つひとつ見ていきたいと思います。

Red Dragon

赤い竜

「誕生という力」

「育むという働き」

「存在（生命）という本質」

ホゼ・アグエイアス博士のキーワード

「Birth（誕生）」「Nurtures（育む）」「Being（存在）」

『赤い竜』の太陽の紋章が、前か後ろに持っている人は、どのような「質」を持っているのでしょうか？

「現実的なケア、アプローチ」「目に見える形での施し」

もちろん、心の世界のこと、スピリチュアルに興味がある『赤い竜』を持つ人も多いですが、「現実的なケア、アプローチ」ですので、目に見える形での働きかけをしている人が多いようです。

人に教えるような、教育の現場で活躍されている、塾の先生、学童保育の先生、教員など。

「小さい子どもさんたちへのケア」ということで、保育士をされているケースもあるようです。

「教育関係、医療関係、ボディ関係、食、農業、畜産、土木建築、周産期医療」

わたしたちは「3次元ボディ」と呼ばれる身体を与えてもらい、生きています。

ですので、身体に関係することで、医療関係に従事する人、看護師、歯科衛生士、医師をはじめ、クリニックに勤めていることがあるかもしれません。

「ボディ関係」で、整体師、マッサージ師、ボディケアなどをされる人も多いようです。身体をほぐすマッサージや、カイロプラクティックなど。


わたしたちは、食べるために生きていると言っても良いでしょう。

3次元の世界は、食べるという行為を体験できる素晴らしい世界なのです。

『赤い竜』を持つ人は、料理人、栄養士、食養生に関することを生業にされているなど、食に関することに取り組んでいるかもしれません。

仕事にしていなくても、食べることに関して、とても重きを置くグルメな人であったり、食にとても興味があったりするかもしれません。

もちろん、人間を含む生き物は、皆食べることに興味を持っています。

ですが、食に関係することに、人一倍興味があったり、仕事にまでされる人が『赤い竜』に多いようです。

食べる前段階のこととして、農業に関心を持たれる人、畜産業を営む人に、『赤い竜』を持つ人が多いかもしれません。


他にも、「現実的に、目に見える形で施工する」ということで、土木建築関係のことをされている『赤い竜』を持っている人もいるかもしれません。

建築会社の事務をされていたり、現場職人、経営者など。

「現実的なケア、アプローチ」ということで、周産期に関わることをされている、もしくは、関心が強い場合もあるかもです。

助産師、ベビーマッサージ、おっぱいマッサージ、子育てについての支援など。

世の中には、さまざまな職種がありますから、必ずしも『赤い竜』だからといって、これらの職業をすべきというわけではありません。


「元気づける」「自然体で、周囲に心遣いができたりする」


当たり前のように、人の面倒を見てしまっているかもしれません。

『赤い竜』を持っている人の歌を聴いたら明るくなる。

元気をもらえるような絵を描いている。

舞う姿を見ると、こちらまでうれしい気持ちになる。

「身体に関係すること」「身体を動かすこと」

身体に関すること、運動に興味があったり、踊りやダンスに興味があったりというような、身体を動かすことに関心があるかもしれません。

体操、陸上競技、フラダンスなどのダンス系全般、演技、舞台など。

『赤い竜』の太陽の紋章を、前か後ろに持っている人で、有名な人と言えば……

桑田佳祐さん　星野源さん　土屋太鳳さん　有村架純さん

ハリセンボンの近藤春菜さん　哀川翔さん　髙嶋政伸さん　唐沢寿明さん

渡辺謙さん　松任谷由実さん　有田哲平さん　松山ケンイチさん

大泉洋さん　橋本環奈さん　賀来賢人さん　戸田恵梨香さん

『ドラゴンボール』の主題歌を歌われている影山ヒロノブさん　国分太一さん

ずんの飯尾和樹さん　『ジョジョの奇妙な冒険』の作者の荒木飛呂彦さん

酒井法子さん　石井竜也さん　宮沢りえさん　本田翼さん　松下幸之助さん

吉田鋼太郎さん　今田美桜さん　ヒロミさん

Blue Monkey
青い猿

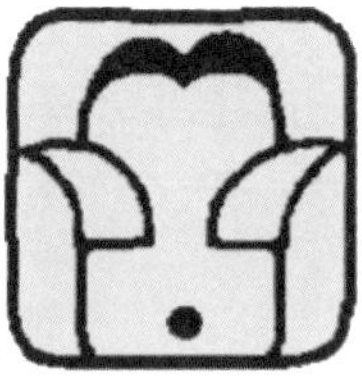

「魔術という力」
「遊ぶという働き」
「幻想という本質」

ホゼ・アグエイアス博士のキーワード
「Magic（魔術）」「Plays（遊ぶ）」「Illusion（幻想）」

『青い猿』の太陽の紋章を、前か後ろに持っている人は、どのような「質」を持っているのでしょうか？

「聞かれたら答えるけれど、自分の方からベラベラしゃべるタイプでもない」

『青い猿』を持っている人は、聞かれたら「あんなことをやっている、こんなこともやっている」と話されるかもしれませんが、あまり自分から「こんな資格を持っている、こんな活動もやっている」と言う人でもないようです。

「はぐらかす」「笑いに持っていく」

「スゴイですねー」と言われても、「いえいえ、わたしなんて全然スゴくないですよ。こちらの方がよっぽどスゴイですよ」と話をそらしたり。

「これご存じですか？」と尋ねられても、「いいえ。全然詳しくないですー」みたいな返答をされるかもしれません。

「話をすると驚かれる」「パッと見の印象と内面のギャップが大きい」

『赤い竜』と反対キンの関係にあたる、『青い猿』を持っている人は、目に見えている部分とは異なり、内側に大きな広がりを持っているようです。

なので、見た感じの雰囲気と内面との差が大きいかもしれません。

だからといって、『赤い竜』を持っている人が、内側の広がりがないわけではありません。

『青い猿』を持っている人に対して「大体こんな感じの人かな」と抱いているイメージとは、内実は違ったりするかもしれません。

「分かりますよ！　こういうタイプの人ですよね！」なんて、その人のことを分かっているつもりでいても、かなり違うかもしれません。

「初対面の人からは、正当な評価をされなかったりもする」

職場でも「とりあえず、最初はこれをやっておいてもらおうかな」という対応を相手にされたりして、ずいぶんと時間が経ってから、「え!?　そんな資格持っているんだ!?」とか、「え？　そんなこともできるんだ!?　だったらこれもやってもらおうかな」という感じで、後になればなるほど、その人の味が出てくる、スルメのような人が多いのも『青い猿』を持つ人の特徴のようです。

結構、第一印象と異なる人が多いかもしれません。

あまり、あれこれ考えてなさそうに見えて、しっかりと物事を考えていたり。

そのようなことをできそうに見えないのだけれど、上手にやってのけたり。

「この人は、『青い猿』を持っているのだなぁ……」と分かっていると、より良い関係を築けるかもしれませんね。

何事も決めつけてはいけませんが。

内面に深い広がりがある。それが『青い猿』を持つ人のようです。

「考え出したらキリがない」「考えさせるような言動を取れる」

自分自身でも「考え出したらキリがない」というところがあるのですが、周りに対しても「考えさせること」もできてしまうようです。

周囲に対しても、「それは、どのようなことに関係するものなのですか？　その活動をすることは、どのような意味があるのでしょう？」「あなたが大切にしていることを3つ言ってください」「あなたはどうしたいのですか？　あなたはその時どう思ったのですか？」というような、相手に答えを言わせるような問いかけをしたり。

物事を深く捉え、考察することができるようです。

「心理カウンセラー、コーチングなど」

相手の言動の奥にある意図を見ながら話を進めたり、相手に答えを言わせるようなことをしていたりするかもしれません。

このようなところから、『青い猿』を持つ人は、「現実的なケア、アプローチ」「目に見える形での施し」というキーワード解釈を持つ『赤い竜』と、反対キンの関係と考えられるのではないでしょうか。

もちろん、『赤い竜』を持っている人にも、『青い猿』を持っている人のようなところはあるかと思います。

あえて、分かりやすく比較してみると、『赤い竜』と『青い猿』には、このような陰と陽の関係があるのではないかと思うわけです。

どちらが陰で、どちらが陽ということではなく、互いに補い合える、２つで１つのような関係が「反対キン」なのです。

『青い猿』の太陽の紋章を、前か後ろに持っている人で、有名な人と言えば……

華原朋美さん　椎名林檎さん　ローラさん　佐々木希さん　宮﨑あおいさん

堀北真希さん　元サッカー日本女子代表の澤穂希さん　松田聖子さん

友近さん　マツコ・デラックスさん　滝川クリステルさん

剛力彩芽さん　広末涼子さん　タモリさん　中森明菜さん

アナウンサーの安住紳一郎さん　所ジョージさん　加藤浩次さん

井上陽水さん　上戸彩さん　加山雄三さん　郷ひろみさん

X JAPANのToshlさん　男子プロテニス選手の錦織圭さん

YOASOBIのAyaseさん　サンドウィッチマンの富澤たけしさん

White Wind

白い風

「スピリットという力」

「伝えるという働き」

「呼吸という本質」

ホゼ・アグエイアス博士のキーワード

「Spirit（スピリット）」「Communicates（伝える）」
「Breath（呼吸）」

のでしょうか？

『白い風』の太陽の紋章を、前か後ろに持っている人は、どのような「質」を持っている

「元気そうに見えるのだけれど、非常に傷つきやすい心の持ち主」

『白い風』を持っている人は、見た感じの印象は、とても元気そうで、パワフルに見えるのですが、実は、繊細で、線が細い人が多いです。

傷つきやすいように見えないので、職場などでも、他の人も失敗しているのに、「この人は少々キツく言っても大丈夫な人だろう」と思われて、１人だけ注意されることがあったり、親でも『白い風』を持つ子の内面は分からなかったりすることもあり、「うちの子は少々キツく叱っても大丈夫な子」と思われ、みんなの前で叱られたりするかもしれません。

もちろん、人間誰しも、傷つきやすいところはあるのですが、『白い風』を持っている人は、「特に」という感じです。

ちょっとした音に敏感だったり、わずかな周りの変化に過敏に反応したりすることもあるかもしれません。

お子さんの場合もそうですが、たとえ大人でも、「『白い風』を持っている人は、線が細

い人なのだな……」と認識した上で、見て差し上げると良いのではないでしょうか。

周りが理解できない感性を持っていたり、他の人が感じないようなものを感じている人も多いようです。

それ故、巫女をされていたり、チャネリングと呼ばれる、目に見えない存在からのメッセージを受け取られるような人もいるかもしれません。

霊感の強い人も、結構多いようです。

もちろん、『白い風』を持つ人が、全員、例外なくそのような感性を発現させているわけではないでしょうけれど。


「微妙なサジ加減を求められること」

微妙なサジ加減ですので、例えば、料理の先生とか。

「レシピ通りに作っても、先生みたいに上手にできないです」と、生徒さんから言われるような、独特な感性を持たれていたり。

お花の先生とか。

「上手に生けておられますね。どのようにされているのですか？」

「いやあー、適当ですよ」

「適当じゃできないですよ」と言われたり。

ガラス細工とか。

「よくそんな細かいことされていますよね」と言われるようなガラス職人さんだったり。

男性だったら、精密機器を扱っているとか。

「もし手元が狂ったら、全部台無しになるようなこと、よくされていますよね」と言われたり。

「センスを求められる活動」

ある分野においてその分野のことをしている人は多いけれど、「ぜひあなたにやってもらいたい」と言われるような人に、『白い風』を持つ人が多いようです。

例えば、アロマセラピストや、マッサージ系のことをしている人、料理の先生など、世間的には比較的多くの人がされている職種かと思います。

ですが、「あなたから受けたい」「あなたから習いたい」と言われるような、その人が持つ独特の感性にファンがいるような人も多いです。

そのような『白い風』を持つ人は、本人は「習えば誰でもできる」と思っていても、実は習ってもなかなかできないことだったり、「教えたら誰でもできる」と思っていることでも、教えてもなかなかできないことを、独特な感覚でされる人も多いです。

アーティストも多い太陽の紋章です。

『白い風』の太陽の紋章を、前か後ろに持っている人で、有名な人と言えば……

美輪明宏さん　宮崎駿さん　長渕剛さん　和田アキ子さん　ＧＡＣＫＴさん
柳楽優弥さん　大野智さん　小栗旬さん　ビートきよしさん　林修さん
伊藤英明さん　田中圭さん　岡本太郎さん　工藤静香さん　芦田愛菜さん
大谷翔平さん　渋谷凪咲さん　いかりや長介さん　小室哲哉さん
松坂桃李さん　『ドラゴンボール』の作者の鳥山明さん　将棋棋士の藤井聡太さん
吉川ひなのさん　大島優子さん　ローラさん　佐々木希さん

Yellow Human

黄色い人

「自由意志という力」
「影響を及ぼすという働き」
「知恵という本質」

ホゼ・アグエイアス博士のキーワード

「Free Will（自由意志）」「Influences（感化する）」
「Wisdom（知恵）」

『黄色い人』の太陽の紋章を、前か後ろに持っている人は、どのような「質」を持っているのでしょうか？

「自分の気持ちに正直」「自分が何をしたいのか？　自分が何を食べたいのか？　が大切」

もちろん、『黄色い人』を持っている人も、周りに配慮することは当たり前にあります。ですが、やっぱり「わたしはコレがしたいので！」という、自分というものをしっかりと持っている人が多いようです。

自分がしたいことを行動する人が多いので、周りからは、わがままな人に見られたり、自分本位と思われやすいのですが、単なる身勝手ではないようです。

しっかりと周囲との協調も大切ということは分かっているのです。

だけど、「自分はコレがしたい！」「コレが食べたい！」という想いを大切にされています。

そして、それらの言動は、自分の感覚だけではなく、考えられた上での言動でもあるわけです。

「頭の回転が速くて、先々、先々を考えることができる」

『黄色い人』を持っている人は、自分が頭の回転が速いとは思っていないのですが、人よりもいろいろ考えてしまうようです。

ついつい先のことを考え過ぎてしまい、現状を憂えてしまうこともあるかもしれませんが、それは悪いことでもないのです。

そのような役割の人がいないと、この世界は円滑に回らなくなってしまいます。『黄色い人』を持っている人は、お店の経営をされている人や、グループを取りまとめている人も多いです。

お店を経営されているオーナーさんなら、先々を考えないといけませんし、グループを取りまとめているリーダーは、グループ全体のことを考えないといけません。

ですから、頭の回転が速く、先々まで考えられる人の方が、周囲にとっても必要でしょうし、プラスの影響を及ぼします。

「周りからはうらやましがられるけれど、本人は納得していないことが多々ある」

お店の経営をしているオーナーでしたら、周りからは「お店を経営されていて良いですね」と思われるかもしれません。

ですが、本人は、「もっと規模を広げたい」「もっと店舗数を増やしたい」と考えているのに、現状はお店が1店舗だけだとしたら、自分が描いているビジョンと全く違いますね。

そのように、『黄色い人』を持っている人は、先々を考える力を持っているので、現状のままジッとしているようなタイプではなくて、「もっとできるはず。もっと言えるはず」「もっとできたはず。もっと言えたはず」という想いが、とても強くあるようです。

なので、一所で満足するようなタイプではない人が多いと言えるかもしれません。


大切なポイントとしては、『黄色い人』を持っている本人は、現状に対して「不自由さ」を感じているということです。

その現状に対する不自由さが、より良いものを生み出していく原動力となっているようです。

『黄色い人』の太陽の紋章と「反対キン」の関係で対応しているのは、『白い風』でした。『白い風』を持っている人は繊細ということでしたが、反対キンの関係にあたる『黄色い人』を持っている人は繊細ではないなどということではありません。

人は皆、大なり小なり繊細なところはあるでしょう。

『黄色い人』を持っている人は、見た感じ、自分の好きなことだけをしているように見られがちということです。

また、『白い風』を持っている人が「センスを求められる活動」とあるからと言って、反対キンの関係にあたる『黄色い人』を持っている人にはセンスがないなどと、そういうことではありません。

『黄色い人』を持っている人で、抜群のセンスを持っている人も大勢いるでしょう。

全ての太陽の紋章に言えることですが、敢えて説明するなら、このような「質」を、他の太陽の紋章を持つ人よりも、その太陽の紋章を持っている人は強く持っていると捉えると良いかと思います。

『黄色い人』の太陽の紋章を、前か後ろに持っている人で、有名な人と言えば……

黒柳徹子さん　新庄剛志さん　哀川翔さん　イチローこと鈴木一朗さん

近藤真彦さん　草彅剛さん　加納典明さん　小島よしおさん

NON STYLEの井上裕介さん　常盤貴子さん　井上真央さん

アナウンサーの安住紳一郎さん　杉咲花さん　久本雅美さん　木村佳乃さん

北野誠さん　石井竜也さん　酒井法子さん　二宮和也さん　片岡鶴太郎さん

ベッキーさん　生田斗真さん　ホンジャマカの石塚英彦さん　ＧＡＣＫＴさん
林修さん　新垣結衣さん　広瀬すずさん　加賀まりこさん

Blue Night
青い夜

「豊かさという力」
「夢見るという働き」
「直観という本質」

ホゼ・アグエイアス博士のキーワード

「Abundance（豊かさ）」「Dreams（夢見る）」
「Intuition（直観）」

『青い夜』の太陽の紋章を、前か後ろに持っている人は、どのような「質」を持っているのでしょうか？

「大変そうに思われない」「大丈夫そうに見られる」
「飄々《ひょうひょう》としていて、表情からではよく分からない」

『青い夜』を持っている人を、表情で判断しようとしても、なかなか難しいかもしれません。

なぜなら、顔に出ないところがあるためです。

これは、我慢しているわけではなく、表情に出ないだけなのです。

表情に出ないと言っても、喜んでいない、疲れていない、悲しくない、反省していない、というわけではありません。

苦しくても、疲れていても、つらくても、あまり顔に出ないので、「この人は『青い夜』を持っているから、表情に出ない人なのだな……」と思いながら接すると、より良い関係を築けるかと思います。

もちろん、人生経験を重ねることで、表情豊かな『青い夜』の人もおられます。

ですが、やはり、表情だけで判断しない方が良いでしょう。

「よほど信頼している人にしか、本心は打ち明けない」

誰にも心の内を見せないわけではなく、家族や、親友と呼べる相手や、仲が良い人に対しては、普通に冗談も言うでしょうし、甘えたりもするでしょう。

ですが、初めて会う人や、それほど親しくない相手に対しては、自分の秘めていることを話したり、見せたりしないところがあります。

ですので、親しい友人などからは、「そんなことを言う人って、みんなの前で発表してあげたいわ」と言われたり、「そんな態度を取る人ってことを、職場の人が知ったらびっくりされるんじゃない」などと言われ、笑われるくらい、内に抱いている感情と表情にギャップがあるかもしれません。

「私生活が見えない」「家で何をしているのかが、全然分からない」

料理をしているようなイメージが浮かばない。

子育てしているようなイメージがない。

洗濯物を干しているようなイメージができないなど。

私生活があまり見えないのが『青い夜』を持つ人の傾向のようです。

そのような「質」を活かし、人前で話をすることや、商品を説明することは向いているかもしれません。

なぜなら、「この人は、日々欠かさず、このエクササイズを実践している人」「この人は、日々欠かさず、この健康食品を摂取している人」という感じに見られるからです。

総じて、**「～そうに見えない」**

痛そうに見えない。

別れたくないように見えない。

大病を患ったことがあるように見えない。

職場などで、「体調が悪いので、明日休ませてもらっても良いですか？」と言うと、「本当に体調悪いのか、君？」と言われたり。

「しんどい」と言っても、旦那さんや彼氏さんから「早くしろよ」と言われ、相手にしてもらえなかったり。

足ツボを押されて、「痛い！　痛い！」と言っているけれど、痛そうに見えないので、先生にさらに力を入れられてあざになったり。

では、我慢強いのか？　と言うと、我慢強いわけではありません。

「自分が大変な状況ということを知られて、周りに気を遣われることがイヤだったりする」

自分の大変な状態を知られることで、周りに気を遣わせることが嫌だから言わないところがあるようです。

ですが、フタを開けてみると、「あの時そのような状態だったの？」「よくそんな状況で続けられたわね」などと言われたりするかもしれません。

「大きなビジョンがあるとがんばれる」

「ちまちましたことを言われても、あまりやる気になれない」

細かいことではなく、大きなこと。

「働く女性たちを癒やしたい」

「子どもたちが、安心して、笑顔で暮らせるような空間を、将来的にこの地域に作りたい」

「全体を良くしたい」

「地球をより良い方向に」

と言った具合に、壮大で、大きな目的へとつながるものであればあるほど良いようです。

壮大なスケールと言っても、その人にとって大きな意味を持つものであって、一般的に見ると小さなことや、細かなことに思われることもあります。

「冷蔵庫を最新型に買い換えたい！」

「子どもたちのために自宅をリフォームして、2階から1階に滑り台をつくりたい！」

このようなビジョンでも、本人にとっての大きなことですから。

ビジョンというものは、人それぞれ意識レベルによって違って当たり前です。

『青い夜』の太陽の紋章を、前か後ろに持っている人で、有名な人と言えば……

羽生結弦さん　いとうあさこさん　亀田大毅さん　亀田興毅さん
ココリコの田中直樹さん　森脇健児さん　ブラックマヨネーズの小杉竜一さん
渡辺直美さん　倉木麻衣さん　水卜麻美さん　鈴木保奈美さん
ゴールデンボンバーの鬼龍院翔さん　ホラン千秋さん　田中圭さん
吉田美和さん　渡辺満里奈さん　SHAZNAのIZAMさん　山本美月さん
ピアニストの辻井伸行さん　川口春奈さん　尾崎豊さん　常盤貴子さん
小島よしおさん　岡田准一さん　柴咲コウさん　長嶋茂雄さん

Red Skywalker

赤い空歩く人

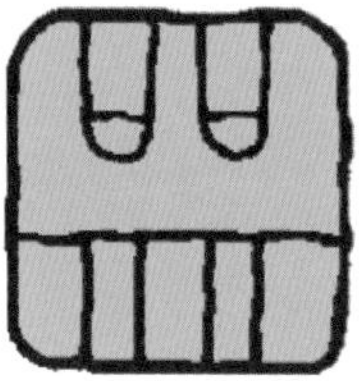

「空間という力」

「探究するという働き」

「目覚めという本質」

ホゼ・アグエイアス博士のキーワード

「Space（空間）」「Explores（探る）」「Wakefulness（覚醒）」

『赤い空歩く人』の太陽の紋章を、前か後ろに持っている人は、どのような「質」を持っているのでしょうか？

「もういいかな……と思ってしまう」「もう無理かな……と思ってしまう」

これは、キレイに言えば、「引き際をよく知っている」ということになるでしょうか。

例えば、会社が一番大変な時期に、みんなで協力し、一生懸命がんばり、苦しい時期を乗り越え、ようやく仕事が軌道に乗り始めて、いよいよこれから！　という時に、「もう、自分の居場所はここじゃないかな……」と、身を引こうとしたり。

「今回、大成功でしたよね！　次回も期待しています！」と言われても、「わたし、今回、最後のつもりで出ていたので、次からもう出ないの」と答えたり。

男性だと、「もう、どうせ僕なんか付き合えないかな……」と思い、告白しないまま思い出にしてしまっていたり。

「ややこしいことを言って、ケンカになったらイヤだから、もういいです……」と、相手に言わないままでいたり。

「限界は、自分の内からやってくるタイプ」「惜しげもなく」

周りから「やめておけば?」とか、「もう無理だろう」と言われるわけではなくて、自分の内で「そろそろいいかな…」となることがあるようです。

「それだけ一生懸命やってこられたのに、もう辞められるのですか?」

「ええ。もういいんです。一切関わらないんです」

ですが、これはあくまでも一義的で、『赤い空歩く人』を持つ人は、自分では「もういいかな……」「そろそろいいかな……」と思ってしまうところがあるようなのですが、自分の周りが「もういいです……」や「もう無理です……」と言っているのを耳にすると、黙っていられないところがあるようなのです。

自分のことよりも、周りに対して一生懸命に動くことが多いかもしれませんし、誰かのためにプラスになることが、行動の原動力になっているかもしれません。

「友だちが……」「職場の同僚が……」「家族が……」となると、一生懸命に、甲斐甲斐しく動けるところがあるかもしれません。

『赤い空歩く人』の太陽の紋章を持っている人であっても、「わたし、それほど家族に対して、何かしてあげようとか、そんなこと思わないですけど」という人もおられます。
ですが、いざ、家族の身に何かあると、世話ができてしまうところも、「質」にあるようです。

「自分のことはほったらかしで、周りの背中を押そうとする」

「お世話好き」「姉御肌」「一肌脱ぐ男前さ」

「ちょっと何それ？　わたしがやってあげようか？」というところがあったり。
「それ全部やってあげたのですか？」
「そうよ。なんかぐちぐち言っていたから、全部やってあげたのよ！」
「男前ですね～」と言われるような、頼りになる女性も多いようです。
この独特の面倒見の良さが、どのような時に発揮されるのか？　は、実にさまざまな形で現れてくるので一概には言えないところがあります。

「人のため、周りのために動ける」

学校の先生が「子どもたちのために」、医療関係者が「患者さんのために」、ヘルパーさんや在宅介護、ケアマネージャーさんのような福祉関係の方など。

あと、仕事とは関係なく、ボランティアをされていたり。
必ずしも、教育や福祉関係のことをしないといけないわけではなく、そのようなことに興味がある傾向の人が多いようです。

「自分のやりたいことは……？　と探していると、なかなか答えが出ないタイプ」

「人のため、周りのために動くうちに、自分の方向性が見えてくる人生」

自分は何がしたいのだろうか……？　と考え、ネットでいろいろ調べてみたり、いろんな本を読んでみたりしても、なかなか答えが見つからないかもしれません。
ですが、人からお願いされたり、最初はあまり乗り気でないようなことであっても、お願いされて続けていくうちに、「わたし、結構これ好きかも……」「わたし、これだったら続けられるかも……」という感じで、自分自身の進む道が見えてくる人も多いようです。

「人の中に飛び込んでいく活動」

わたしたちの社会は、人と関わっていく社会ですので、日々、人と交流していきますが、『赤い空歩く人』の太陽の紋章を持っている人は、人と接していくことで、自分自身の生きがいを見出していく人も多いようです。

『赤い空歩く人』の太陽の紋章を、前か後ろに持っている人で、有名な人と言えば……

ビートたけしさん　萩本欽一さん　ウルフルズのトータス松本さん

宮沢りえさん　松下幸之助さん　有吉弘行さん　森泉さん

所ジョージさん　加藤浩次さん　大友康平さん　小室哲哉さん　ＹＯＵさん

イ・ビョンホンさん　福山雅治さん　石田ゆり子さん　竹内涼真さん

ペ・ヨンジュンさん　江角マキコさん　出川哲朗さん　瀬戸朝香さん

唐沢寿明さん　小雪さん　西島秀俊さん　東国原英夫さん

登山家の三浦雄一郎さん　『よつばと！』の作者あずまきよひこさん

Yellow Seed

黄色い種

「開花という力」
「目指すという働き」
「気づきという本質」

ホセ・アグエイアス博士のキーワード

「Flowering（開花）」「Targets（目指す）」
「Awareness（気づき）」

『黄色い種』の太陽の紋章を、前か後ろに持っている人は、どのような「質」を持っているのでしょうか？

「自分の感覚を大切にしている」


人は皆、感覚的なところがあります。

特に、女性は感性が鋭いです。

しかし、『黄色い種』の太陽の紋章を持つ人は、男女問わず「特に」感覚的な人が多いようです。

そして、その自分の感じたことを大切にしています。

もちろん、周りが心配してくれたり、アドバイスをくれるので、迷うこともあるかもしれないですが、やっぱり自分が一番初めに思ったことを貫いている人が多いようです。


「どれだけ勧められても、ピンとこないことはしない」

「どれだけ止められても、ピンときたことはやり抜く」


「コレは良いものですよ」とおすすめされたとしても、「なんか違う」と思ったら反応しないでしょう。

家族から「やめた方がいいよ」と言われたとしても、自分がやりたいのであれば、行動を起こすでしょう。

「頑として譲らない」

信念に近い、「自分」を生きている人が『黄色い種』の太陽の紋章を持つ人のようです。

そのようなところから、

「言っても聞かないところがあったりする」

行く気マンマンなのだけれど、とりあえず相談だけはしてみる。

「あのね〜、行こうと思うところがあって……」

「行くんでしょ？」

「うん。行くんだけど……」

「行くんじゃないか！」

買う気全開なのだけれど、とりあえずパンフレットだけは見せてみる。

「あのね〜、欲しいものがあるんだけど……」

「買うんだろ？」

「うん。もう注文しているんだけど」

「もう買ってんじゃねえか！」

男性で『黄色い種』を持っている職人さんだったりすると、周りから頑固一徹と言われるほど、その道を極めている人もいるかもしれません。

小さなお子さんであっても、何回注意しても、ジーッと黙っていて、また同じことをしているかもしれません。

「この子は、『黄色い種』を持っているのだなぁ……」と、温かく見守ってあげることが大切なのではないかと思います。

「人に物を教える活動」「人を指導すること」

「こうすればもっといいのに……物申す力」

「人に物を教える」とありますので、教育関係のことをされたりするかもしれませんが、必ずしも教育機関で働いているわけではありません。

何かしら、インストラクター系のことをされている人や、アドバイザーとして活躍される人も多いようです。

人に対して、「こうしたらもっと良くなりますよ」「こうするともっと早くできますよ」という風にアドバイスすることがあるかもしれません。

「最初から教えたいわけではなく、結果的に人に何か教えることをしていく」

とは言うものの、『黄色い種』を持っている人が最初から「人に教えたい」というわけではないようです。

周りから、「そのようなことされているなら、ぜひうちのグループの人たちにも教えていただけないでしょうか？」、「それだけ詳しいのなら、ぜひうちで勉強会を開いてください」という感じで、お願いをされて、だんだんと教えたり、伝えることをしていき、その過程で、生きがいを見出す人も多いようです。

「1から10まで面倒を見るのはイヤ」

学校の先生も、インストラクターも、アドバイザーも共通していることは、その時は親身になって話を聞いたり、アドバイスしたりすることはあっても、家に帰ってまで個人的に教えたりはしないですね。

ですから、「人に物を教える」と言っても、『黄色い種』を持つ人は、最後まで面倒を見るのではなく、相手が自分で歩めるようなヒントを提示するような教え方、伝え方をする感じです。

「こういうものがありますよ。すごく良いものですよ。使ってみたらいいのに。わたしが注文しておいてあげようか？」とは言うのだけれど、「使ってみた？　どうだった？　どんな感じ？　どんな気持ち？　どんな感想？」ということには、あまり関心がなく、あれこれ関与しようとしません。

「こんなステキな先生がいるのよ。すごく親切な先生なのよ。一度、会いに行かれたらどうですか？　わたしが申し込みしておきましょうか？」とは言うのだけれど、「行ってきた？　どうだった？　どんな感じ？　どんな感想？　どんな想い？」というのは、どうでも良い感じです。

あくまでも、「初動のヒントを与える役割」を持っているようです。

「あなたが最後まで面倒を見てあげて」とか、「あなたが責任を持って」とか、「あなたがしっかりと導いてあげて」などと言われると、「だんだんイヤになってきました」と、トーンダウンしてしまうかもしれません。

『黄色い種』の太陽の紋章を、前か後ろに持っている人で、有名な人と言えば……

山口百恵さん　森三中の大島美幸さん　藤原紀香さん　磯野貴理子さん
小雪さん　ウルフルズのトータス松本さん　萩本欽一さん　宮根誠司さん
渡辺満里奈さん　岡本太郎さん　小林麻央さん　ビル・ゲイツさん
コブクロの小渕健太郎さん　コブクロの黒田俊介さん　浅田真央さん
『ベルセルク』の作者の三浦建太郎さん　アンミカさん　松雪泰子さん
とにかく明るい安村さん　元プロボクサーの内藤大助さん
東出昌大さん　笑福亭鶴瓶さん　ゴールデンボンバーの樽美酒研二さん
志村けんさん　ＺＡＲＤのボーカルの坂井泉水さん　浜田省吾さん

White Wizard

白い魔法使い

「永遠という力」

「魅惑するという働き」

「受容性という本質」

ホゼ・アグエイアス博士のキーワード

「Timelessness（永遠）」「Enchants（魅惑する）」

「Receptivity（受容性）」

『白い魔法使い』の太陽の紋章を、前か後ろに持っている人は、どのような「質」を持っているのでしょうか？

「まぁいいか……と思ってしまう」「まぁ仕方ないか……と思ってしまう」

「自分1人が悪者で、それでうまく収まるんだったら、まぁそれでいいか……」「自分1人が哀しいのを我慢すれば、それで誰も傷つかないのだったら、まぁそれでいい……」「みんな先に帰っていいよ。もう遅いから。最後わたしが戸締まりしておくから」と言いながら、「まぁ仕方ない……」と、1人だけ残業しているとか。

「人よりも器が大きい分、何でもかんでも受け止めてしまえる」

よっぽどのことは無理ですが、受け止めないといけないことをスルーしたり、逆に大抵の人はスルーする点に、しっかり注目したりするところがあるみたいです。

「着眼点や怒るポイントが人と違う」

「普通はスルーするところを、しっかり注目していたり、普通はスルーしないところを、軽く流したりもできる」

見ている視点が、周りとちょっと違うところがあるようです。

これは決して空気を読めないということではありません。


それ故、画期的なアイデアを発案、発明することもあったりします。

あまり、周囲が着目しないところを見ていたりするので、人が反応しないものに反応するところもあるようです。


「そのようなことを研究している人は、なかなかいないのではありませんか？」と言われる学者さんなどは、もしかすると『白い魔法使い』を持っている学者さんかもしれません。

ツアー旅行などに行った時でも、みんなが景色を観ている時に、『白い魔法使い』を持っている人だけが、地面のコケを観ていたり。

みんなが畑で芋ほりをしている時に、１人だけ昆虫を追いかけ回していたり。

「あまりそういうものって、咄嗟に見ないというか、気がつかないですよね」なんて言われることがあるかもしれません。


「まぁいいか……と思ってしまう」とありますが、状況は、まぁいいわけではなく……。

「まぁ仕方ないか……と思ってしまう」とありますが、仕方がないわけでもありませんの

で、

「心と身体は、その負荷を受けている」

原因不明の湿疹が出たり、小さな頃から「かゆい、かゆい」と言っていたり。

必ずしも、『白い魔法使い』を持つ全員がそのような人ではありませんが、「まぁいいか……」と状況や現実を受け入れてしまえるところがあるので、気持ち的には、その状況を受け入れてしまうかもしれませんが、身体は敏感に拒絶反応を起こしているのかもしれません。

そのように、人の痛みをよく知っていたり、人のつらさもよく分かっていたりするので、

「人がズシリと重く背負い込んでいるものを軽くする活動」

「話を聞いてもらって、えらく気持ちが楽になりました」と言われるような、カウンセリングをしている人とか。

カウンセリングとまではいかなくても、「聞き役」とか。

「あの人、ベラベラしゃべって、えらく元気になって帰って行かれたな」というようなことがあったり。

「聞かされ役」とか。

「わたしは、何かアドバイスしたわけじゃなくて、ふんふんとか、へえ〜って話を聞いていただけなのに、あの人ずいぶん明るくなって帰って行かれたわ」

高齢者さんのお話を聴く傾聴サービスをされているとか。

他にも、物理的に「身体が重くて……」「肩が上がらなくて……」と言う人にマッサージをして、「身体が軽くなりました」「肩が楽になりました」と言われる、マッサージ関係や、リラクゼーションなどの、身体のケアをされている人にも、『白い魔法使い』の人が多いようです。

必ずしも、そのようなことをする必要はありません。

「不思議な魅力を持っている」「周りから気にされる」

説明できない不思議な魅力を持っている人が多いです。

本人は覚えていないのに、周りから覚えられていたりすることも多いかもしれません。

作ったものが、えらく周りから評価されるなど、ネットでバズったりすることもあるかもしれません。

『白い魔法使い』の太陽の紋章を、前か後ろに持っている人で、有名な人と言えば……

矢沢永吉さん　はるな愛さん　今田耕司さん　堀江貴文さん　井上陽水さん

つんくさん　神田うのさん　甲斐よしひろさん　藤井フミヤさん

イモトアヤコさん　岡田准一さん　柴咲コウさん　ダライ・ラマ14世さん

福山雅治さん　小室眞子（眞子内親王）さん　マリリン・モンローさん

新垣結衣さん　ジョン・レノンさん　上戸彩さん　コブクロの黒田俊介さん

鈴木亮平さん　柳原可奈子さん　やしきたかじんさん　オダギリジョーさん

ＤＡＩＧＯさん　香椎由宇（小田切悠子）さん

Red Serpent
赤い蛇

「生命力という力」
「生き残らせるという働き」
「本能という本質」

ホゼ・アグエイアス博士のキーワード

「Life Force（生命力）」「Survives（生き残らせる）」
「Instinct（本能）」

『赤い蛇』の太陽の紋章を、前か後ろに持っている人は、どのような「質」を持っているのでしょうか？

「本当のことを知りたい」「実際問題どうなのか？　を知りたい」

内容にもよりますが、本当のことは、大なり小なりみんな知りたいと思います。ですが、『赤い蛇』を持っている人の「本当のことを知りたい」という衝動は、他の人に比べて突き抜けている感じです。

徹底的に突き詰めて研究する学者さんであったり、「どうしてそのようなことまで知っているのだろう？」と思ってしまうほど、マニアックなことに詳しい人だったりと、探究心には底が見えないほどの深さを持っている人が多いようです。

「ホンモノ志向」「本家本元に迫りたい」「探求心は人一倍強い」

誰しも損なんてしたくないという気持ちはあると思います。

しかし、『赤い蛇』を持つ人は、突き詰める度合いが半端なかったりします。

「これは、どこから取り寄せたものですか？　日本じゃないでしょ？　イギリスですか？　あーやっぱり!!　だったら、直接、海外から取り寄せた方が安いですかね？」

「高いお金を出せば良いものはいくらでもあるじゃないですか。安価で、要らない機能がついていなくて、一番、機能性が高いものはコレですかね！」

「この中で一番安全性が高いものって言うと、やっぱりこれですか？」

見た感じはそのように見えなくても、内に秘めた熱さを持っている人も多い太陽の紋章です。


この世界の仕組みを探求されていて、法律関係のことに携わる人もいたり。

例えば、弁護士さんとか。

『赤い蛇』を持っている人が、皆さん弁護士というわけじゃありませんが。

さらに範囲は狭くなりますが、「本当のことを突き詰める」という意味では警察関係の人も多いかもしれません。

わたしは以前、大規模イベントにマヤ個人セッションで参加させていただく機会がありました。

当日に、「受けてみても良いですか？」と、前に座られた60代の男性が『赤い蛇』を持っている人でした。

お仕事を尋ねると、「もう定年になって引退しましたが、警察でウソ発見器を担当していました」と言われて驚いたことがありました。

必ずしも警察官が適職というわけではありませんので、誤解のないように。

「その道のプロの中でも上位レベル」

インストラクターでも、かなり上のレベルまでいく人もいるようです。

会社でも5本の指に入るメンバーや、右腕と呼ばれるくらいにまでのぼりつめる人とか。

何でも「突き詰める」ので暴露系のことをされる人、ひたすら地道な研究に没頭する人など、実にいろんなタイプがおられます。

だからといって、暴露系ユーチューバーが皆さん『赤い蛇』を持っているわけではありません。


警察関係や暴露系とまでいかなくても、「身の上相談」などもされるかもしれません。

「どうしてそんなこと知っているの？　誰から聞いたの？」と言われるようなことに詳しかったり。

「あの兄弟は、本当の兄弟じゃないらしいわよ」

「あの夫婦は、どちらも再婚なのよ」

「えらく詳しいな……」と驚かれたり。

「自己評価が人よりも低い」

いろんな人を知っていて、自分よりもスゴイ実力を持つ人のこともよく知っているでしょうから、「あの人に比べたら、自分なんか全然」という想いが強いようです。

本当のことを突き詰めるのと同じくらい、退く力も強い。

ですから、「どうにも自分に自信がないんです……」と言われる人も多いようです。

それは、自信がないわけではなくて、なかなか一歩踏み出すのが難しいという想いがあるのかもしれません。

ですから、「この人は、『赤い蛇』を持っている人なのだな」と見守ってあげるくらいが良いかと思います。

「うちの子は、『赤い蛇』を持っているのだな」と、ご両親が把握しているだけで、日頃の言動の受け止め方が、まるで違ってくるのではないでしょうか。

できないことを指摘するのではなくて、できているところをしっかり励ましてあげるという風に、接し方を変えてみても良いかもしれないですね。

これは『赤い蛇』を持っているお子さんだけに言えることではなく、全てのお子さんに言えることですが。

『赤い蛇』の太陽の紋章を、前か後ろに持っている人で、有名な人と言えば……

ビートたけしさん　高橋みなみさん　西川きよしさん　大沢あかねさん
内科医の内海聡さん　森三中の大島美幸さん　映画監督の福田雄一さん
櫻井翔さん　原田泰造さん　香取慎吾さん　江原啓之さん　佐藤健さん
マツコ・デラックスさん　森泉さん　堀江貴文さん　劇団ひとりさん
みちょぱこと池田美優さん　実業家の斎藤一人さん　山口智子さん
オードリーの若林正恭さん　ＳＨＡＺＮＡのＩＺＡＭさん　星野源さん
又吉直樹さん　原辰徳さん　広瀬すずさん　杉咲花さん
トリンドル玲奈さん　元プリンセス　プリンセスのボーカル岸谷香（奥居香）さん

Blue Eagle
青い鷲

「ビジョンという力」
「創造するという働き」
「マインドという本質」

ホゼ・アグエイアス博士のキーワード

「Vision（ヴィジョン）」「Creates（創り出す）」
「Mind（マインド）」

『青い鷲』の太陽の紋章を、前か後ろに持っている人は、どのような「質」を持っているのでしょうか？

「鋭い感性を持っている」「洞察力が鋭い」

『青い鷲』を持っている人は、研ぎ澄まされた感覚が必要なことや、感性を求められることを職業にされている人も多いようです。

アーティスティックな感性を必要とすること。

カリスマ美容師さんとか、独特な感性で作品を作っている陶芸家の先生、とんでもない芸術のような料理を作る料理人など。

繊細なパンづくりをするパン屋さんなど、もしかすると『青い鷲』を持つ人かもしれません。

「洞察力」があるわけですから、人事や目利きの人も多いかもしれません。

「イーグルアイを持っている」

鷲という動物で考えると、何となく分かるかと思うのですが、鷲は上空を旋回し、獲物を見つけると急降下してきます。

そして、獲物を捕獲すると、そのまま上空へ飛んでいきますね。

ですから、『青い鷲』を持っている人も、「イーグルアイ」と呼べる洞察力を持っています。

何年か先にブームが訪れることを察知して、先見の明で取り入れていたり、まだ実力を発揮していない若手を新人の頃から起用したりすることも。

「妙に冷静な時もある」

みんなが「大変だ！　大変だ！」と騒いでいる時に、『青い鷲』を持っている人だけ、「大丈夫なんじゃないですか」と冷静でいるので、「どうしてそんなに落ち着いているんだ⁇」と不思議がられたりするかもしれません。

だからといって、慌てない理由をきちんと説明できるのか？　と言うと、「大丈夫な気がするからです」と説明はできない。

みんなが落ち着いている時に、１人だけ「急がなきゃ！　急がなきゃ！」と焦っているので、「どうしてそんなに焦っているんだ？」と言われたら、「だってもうすぐなくなりますよコレ！　買っておかなきゃ！」と、やはり説明はできないのだけれど予感していたり。

だから、すごく冷静沈着な時もあれば、何だか１人でテンパっている時もあるようです。

『赤い蛇』と『青い鷲』は、「反対キンの関係」になっています。

『赤い蛇』を持っている人は、「本当のことを知りたい！」と、内に秘めた「熱さ」があります。

対して、『青い鷲』を持っている人は、もちろん熱い時もあるのですが、冷静な「イーグルアイ」を持っているが故に、「妙に冷静」なところがあるわけです。

「根拠のない自信を持っていたりする」

全員が、そういうわけではありませんが、感覚的に「自分は大丈夫」という、根拠のない自信を持っているかもしれません。

『赤い蛇』を持つ人が、「自己評価が人一倍低い」ところから、なかなか自分に自信が持てないこともあると解説しましたが、『青い鷲』を持つ人は、『赤い蛇』の「反対キン」ですから、「根拠のない自信」を持っていたりするわけです。

未来を見ているのかもしれないですね。

「クリエイトする力、創作する力」

「あらゆるクリエイティブな活動」

どのようなところで発揮されるのか？　は、人それぞれですし、必ずしもアーティストなわけでもありません。

しかし、卓越した感性を持ち合わせているため、陶芸、染め、織り、作詞、作曲などに興味を持つ人も多いようです。

「こういうもの作ったらどう？」「こうすればどうですか？」と、アートな活動だけではなく、人に提案したり、アドバイスをしたりして、周囲のクリエイティビティを促すようなことも、『青い鷲』を持っている人はできるようです。

『青い鷲』の太陽の紋章を、前か後ろに持っている人で、有名な人と言えば……

山下智久さん　みちょぱこと池田美優さん　中島美嘉さん　細木数子さん
プロゴルファーの石川遼さん　水谷豊さん　シンガーソングライターの浜田省吾さん
やしきたかじんさん　島田紳助さん　西島秀俊さん　陣内智則さん
トリンドル玲奈さん　元プリンセス　プリンセスのボーカル岸谷香（奥居香）さん
松たか子さん　藤田まことさん　有村架純さん　ハリセンボンの近藤春菜さん

吉田美和さん　長嶋茂雄さん　葉山奨之さん　二宮和也さん　風間俊介さん

榮倉奈々さん　鈴木亮平さん　阿部サダヲさん　大竹しのぶさん

White World-Bridger
白い世界の橋渡し

「死という力」
「等しくする働き」
「機会という本質」

ホゼ・アグエイアス博士のキーワード

「Death（死）」「Equalizes（等しくする）」
「Opportunity（機会）」

『白い世界の橋渡し』の太陽の紋章を、前か後ろに持っている人は、どのような「質」を持っているのでしょうか？

「なんとなくそう思う」「なんとなくそう感じる」

『白い世界の橋渡し』を持っている人の言動は、「なんとなく」という感覚からきていたりします。

「どうしてそう思うの？」「なんとなく」

「どうしてそんなところに行ったの？」「なんとなく」

「納得のいくように説明してみろよ！」「そんなのわたしの方が聞きたいわ！」

もちろん、勉強することが大好きで、理論、理屈の『白い世界の橋渡し』を持つ人も多いでしょう。

しかし、「どうして急に、その分野のことを勉強しようと思ったのですか？」と尋ねられると、「なんとなく」と答えるかもしれません。

「月に1回やっているんだから、そんな今月の忙しい時にわざわざ行かなくたっていいんじゃないの？」

「来月になったら、もう行かない気がするから、今月行っておく」など、すべからく行動の理由が、「なんとなく」なところがあるようです。

「なんとなく」が口グセの人も多いようですので、観察してみると面白いかもしれません。

「人、モノ、情報をつなぐ力」「引き合わせる力」

普段、外出していても、それほど知り合いに会うことは、あまりないですが、『白い世界の橋渡し』を持つ人は、どういうわけか、行く先々で知り合いの人に出くわしたり、見かけることがあるようです。

中には、家から一歩も出ようとしない『白い世界の橋渡し』を持つ人もいるかもしれませんが、基本的に引き合わせる力が強いところがあるようです。

『白い世界の橋渡し』と読んで字のごとく、人を何気に紹介したり、何気に人と人の間に入ったりすることもあるかもしれません。

実際に、仲介の仕事をしていたり、アイテムを紹介することを仕事にしていたり、物販や流通の仕事に携わっていたり、スペースを構えて専門家の先生や人を集め、情報の交流の場や出会いの場を設けたりしている人も多いかもしれません。

必ずしも、そのようなことをしていないと良くないというわけではありません。

中には、人と話をすることが苦手な『白い世界の橋渡し』を持っている人もいるかもしれませんが、それはそれで、別に本来の姿で生きていないわけではありません。

それぞれの太陽の紋章の質を、どのように表現するのか？　は、人それぞれ違って当然です。


『白い世界の橋渡し』を持っている人は、いろんな意味で「橋渡し的なこと」をされている人が多いようです。

日本と海外の橋渡し。

地域と地域の橋渡し。

地元の名産品を1か所に集めて紹介する、故郷の橋渡しなども。


「霊的センス」

人間誰しも霊的な感覚は持ち合わせています。

ですが、『白い世界の橋渡し』を持っている人は、一際見えたり、感じたりする人が多いようです。

「わたしには、そのような感覚は全くありません」と言われる人もいるでしょう。
ですが、そのような人でも、本人は気づいていないだけで、敏感体質であったり、人が大勢いる場所に行くと、体調を崩したりすることがあるかもしれません。

「新しいもの好き」

垣根のないところがある『白い世界の橋渡し』を持つ人は、いろいろと目新しいことを常に探していたりしますから、好奇心が旺盛なところがあります。

『白い世界の橋渡し』の太陽の紋章を、前か後ろに持っている人で、有名な人と言えば……

平野紫耀さん　高田純次さん　山本美月さん　杏さん　剛力彩芽さん
木村佳乃さん　女子プロテニス選手の大坂なおみさん　レディー・ガガさん
宇多田ヒカルさん　オードリー春日俊彰さん　石田純一さんの娘さんのすみれさん
マリリン・モンローさん　工藤静香さん　芦田愛菜さん　みのもんたさん
沢田研二さん　二代目 中村獅童さん　瀬戸康史さん　広末涼子さん

タモリさん　実業家の岸博幸さん　二階堂ふみさん　陣内智則さん
藤原紀香さん　『ドラゴンボール』の主題歌を歌われている影山ヒロノブさん
ナインティナインの岡村隆史さん

Yellow Warrior
黄色い戦士

「知性という力」

「問うという働き」

「恐れがないという本質」

ホゼ・アグエイアス博士のキーワード

「Intelligence（知性）」「Questions（問う）」

「Fearlessness（恐れない状態）」

『黄色い戦士』の太陽の紋章を、前か後ろに持っている人は、どのような「質」を持っているのでしょうか？

「情報発信」「分野外のことでもいろいろ詳しい」

誰しも、自分が興味ある分野のことは詳しいと思います。

しかし、『黄色い戦士』を持っている人の詳しさは、かなりのレベルに至っている場合があります。

「情報」とひとくちに言っても、それぞれ関心がある分野は違います。

美味しい居酒屋情報をやたらと知っている、安いお店のことなら誰よりもよく知っている、海が見えるバーに関して非常に詳しい、化粧品についてさまざまな情報を持っているなど、実に多岐にわたるかと思います。

『黄色い戦士』を持つ人は、周りからは頼りになる存在として見られているかもしれません。

なぜなら、いろいろ詳しく知っているからです。

「そこまでのことは知らないだろう……」と思うことでも知っていたり、もし本人が知らないとしても、『黄色い戦士』を持つ人が仲良くしている知り合いが、その分野に長けている人かもしれません。

「情報が入ってくる」

いずれにしても鍵になる言葉は「情報」です。

万人の役に立つ情報なら良いのですが、趣味の範疇だけ、やたらと詳しい人もいるでしょう。

その分野の人たちからは重宝される存在であるのではないでしょうか。

「ギリギリまで動かない」「お尻に火がつくまで動かない」

忘れているわけではなく、やらないといけないことがたくさんあり、何かと忙しくて、なかなか行動に移せないようです。

「考えているうちに、時間が経ってしまうこともある」

ボンヤリしているわけではなく、あれこれと考えているようです。

「もしうまくいかなかった場合、どうしよう……」

「もし断られたら、どうしよう……」

「もし、現地に行って置いていなかったら、どうしよう……」

などと考えているうちに、時間が経ってしまうという感じです。


「最悪のシチュエーションを考えることもできる」

考えていないようで、あれこれと考えている姿が、周りから見るとのんびりしているように映るのかもしれません。

「周りからは、マイペースに見られたり、モタモタしているように思われる」


マイペースというわけではなく、あれこれ考えているわけです。

いよいよ「後がない」となるまで動かないので、周りからは、モタモタしているように思われてしまいます。

『黄色い戦士』を持つお子さんだと、もしかすると、夏休みの宿題や自由研究も、休みが終わる頃まで何もしないかもしれません。

だけど、「この子は、『黄色い戦士』を持っている子なのだなぁ」と、温かい目で見守ってあげながら、どうやったら早いうちに準備して、きちんとできるのか？　何に興味があるのか？　などを、一緒に考えてあげても良いかもしれません。

「チャレンジ精神旺盛」「よせばいいのに系」

これは、チャレンジしない方が良いという意味ではなく、行かなくても良いところに行こうとしたり、引き受けなくて良いことを引き受けてしまったり、やめておけば良いのにという意味です。

職場で、「来週、早出してくれる人、誰かいないかな？」と言われると、周りが誰も手を挙げなかったら、「じゃあ、わたしが」と手を挙げたり。

他にも、「来月、休日出勤してくれる人、誰かいないかな？」と言われて、周りが誰も手を挙げなかったら、「じゃあ、わたしが」と、ついつい引き受けてしまい、「よせばいいのに」という感じです。

集まりなどで、場がシーンと静かになると、『黄色い戦士』を持つ人は、「何か自分が話さないと……」と考えるかもしれません。

このような面では、すごく頼りになる存在なのですが、全部自分が引き受けてしまうのではなくて、たまには、引き受けないで息抜きすることも必要かもですね。

『黄色い戦士』の太陽の紋章を、前か後ろに持っている人で、有名な人と言えば……

出川哲朗さん　アンミカさん　佐藤浩市さん　北川景子さん　細木数子さん
弁護士の橋下徹さん　松山ケンイチさん　女子柔道家の谷亮子さん　大野智さん
柳原可奈子さん　武井咲さん　堺雅人さん　原田泰造さん　宇多田ヒカルさん
アントニオ猪木さん　アントニオ猪木さんのモノマネをされているアントキの猪木さん
井上真央さん　『ドラゴンボール』の作者の鳥山明さん　長渕剛さん　宮崎駿さん
ホラン千秋さん　ゴールデンボンバーの鬼龍院翔さん　石田純一さん
千鳥の大悟さん　山下智久さん　とにかく明るい安村さん

Blue Hand

青い手

「完成という力」
「知るという働き」
「癒しという本質」

ホゼ・アグエイアス博士のキーワード

「Accomplishment（完成）」「Knows（知る）」
「Healing（癒し）」

『青い手』の太陽の紋章を、前か後ろに持っている人は、どのような「質」を持っているのでしょうか？

「物事を識別する」「違いを判別する」

違いを識別すること。

例えば、ソムリエであったり、趣味で利き酒をする人であったり。

味、香りなど、五感に感じることから、目に見えない感覚や雰囲気に至るまで多岐にわたり、違いが分かる人が多いようです。

もちろん、『青い手』を持っていない人でも、味や香り、音の違いを分かる人も当然いるでしょう。

「微妙なサジ加減を求められる活動」という解釈を持つ『白い風』の人にも、味や香りに敏感な人もおられますし、他の太陽の紋章にも、そのようなところはあります。

本書で論じていることは、その太陽の紋章を持つ人が「一際強くベースに持っている質的な部分」という捉え方で認識していただければと思います。

『青い手』を持っている人が全員ソムリエではありませんし、適職ということでもありません。

他にも、「識別」ということで、成分の違いや配合の違いなどの識別が必要な、薬の調合をされている薬剤師さんなど。

これも、薬剤師が適職ということではなく、そのような職種の人に、『青い手』を持つ人が多いという感じです。


他にも、感触の違い。

手の感覚で分かったりすること。触診など。

香りの違いということで、アロマに興味がある人。

他にも、色の違い、音の違い。

感覚の違い、磁場の違い。

「これを身につけている時と、つけていない時だと、明らかに身につけている時の方が、身体が温かいです」「この木のあたりから、空気がガラッと変わっていますね」

という具合に、エネルギーの違いを感じることなどにも長けているようです。


「においのするものが好き」「においに敏感だったりする」

鼻が利くというのも、『青い手』を持つ人の特徴でもあります。

これは、物理的なにおいです。

中には鼻が詰まっていて、においが全く分からない人もいるかもしれないですが（笑）。

「知りたがり」「とにかく知りたい」

「何それ？」「何が？」「なぜ？」「何しているの？」「何見ているの？」「なんで？」「どうして？」

『青い手』を持っている人に対して一番言ってはいけないことは、「お前には関係ない」という「秘密」です。

意味が分からないことには、動かないところがあります。

ですから、『青い手』を持つお子さんに対しては、ごまかしたり、適当に対応したりせずに、1つひとつの意味や理由を話してあげることが大切かと思います。

老若男女問わず、「何を知りたいのか？」で、知りたいことの中身は、かなり変わってきます。

専門分野のことを知りたい人であれば、その分野のことは人一倍リサーチされるかもしれません。

「認識するのがやたら早い」

「それってどういうこと？　あ！　なるほどね」
「あ、そっか、分かった、オッケー」という具合に、
自分の中で、自己完結してしまう人も多いようです。
ですので、違うことは「そうじゃない」と伝えてあげることも、時として必要かもしれません。

「手にまつわる活動」「手先が器用というわけではなく、手に特化したこと」

手先が器用というわけではなく、手にまつわることです。

もちろん、手先が器用な人もいるでしょうけど、鍵になる言葉は「手」です。

料理人、鍼灸師、マッサージ関係。

他にも、ヒーリングや手当て法など。

人に触れると、「身体が楽になる」と言われるかもしれません。

だからといって、ヒーリングを学んだ方が良いということではありません。

「あなたは『青い手』だから、ヒーリングが向いている」などという、短絡的なことでは

ありません。

家庭で美味しい食事を作っている『青い手』を持つ専業主婦の人もいるでしょうから。

20ある太陽の紋章で職業を決めるのは、ちょっと雑だと感じます。

そのような薄っぺらいものではないと思います。


さまざまな分野における、手にまつわること。

絵を描いている人もおられるでしょうし、そば打ち職人をされている人もいるかもしれません。手相を見る人、料理家の人もいるかもしれません。

どのような形で、その太陽の紋章の「質」というか、「傾向」が活かされているのか？は、人それぞれなので一概には言えないのです。


『青い手』の太陽の紋章を、前か後ろに持っている人で、有名な人と言えば……

田原総一朗さん　櫻井翔さん　実業家の斎藤一人さん　今田耕司さん
フワちゃんさん　明石家さんまさん　上野樹里さん　平野レミさん
桐谷美玲さん　桐谷健太さん　天海祐希さん　オードリーの春日俊彰さん

吉川晃司さん　国分太一さん　柳楽優弥さん　水谷豊さん　石川遼さん
忌野清志郎さん　二代目 尾上松也さん　北野誠さん　石田ゆり子さん
島田紳助さん　武井咲さん　元プロ野球選手の清原和博さん　浜田雅功さん
ユースケ・サンタマリアさん

Red Earth

赤い地球

「舵取りという力」
「進化させるという働き」
「シンクロニシティという本質」

ホゼ・アグエイアス博士のキーワード

「Navigation（舵取り）」「Evolves（進化させる）」
「Synchronicity（共時性）」

『赤い地球』の太陽の紋章を、前か後ろに持っている人は、どのような「質」を持っているのでしょうか？

「感覚的なところが強く、揺るぎない自分を持っている」

『赤い地球』を持っている人は、ずば抜けて感覚的なところがあるようです。

それ故、自分が感じることを信じています。

必ずしもそうとは言えませんが、揺るぎない自己を確立されている人も多いようです。

自分の感覚からくる、説明はできないけれど「確信」のようなものを持っている、そのような感じです。


『赤い地球』を持っている人は、感覚的でないとできないようなことをされている人も多いです。

それは、職業ではなく、趣味の範疇かもしれませんし、家族の前や仲間内でだけ見せていることかもしれません。

繊細でありながら、力強さを求められる世界である歌舞伎俳優に、『赤い地球』を持つ人が多いのも、示唆的であると感じます。

独特な感性と、揺るぎない自己を持ち合わせていないとできない世界です。

だからといって、『赤い地球』を持つ人が全員、歌舞伎役者に向いているということではありません。

「見た感じでは分からないナイーブさ」

揺るぎない自己を持っていながら、非常にナイーブなところもあります。

頑なに譲らないところを持ちながら、すごくナイーブなわけですから、見た感じでは分かりにくいところがあるかもしれません。

感性が鋭く、非常に敏感なところを持ち合わせているので、目に見えないことを扱う仕事をされている人も多いかもしれません。

「氣」の世界や、目に見えない「想い」や「精神性」を大切にされることなど。

人があまり感じないようなことを感じ、表現する芸術の世界で活躍している人も多いのではないでしょうか。

実際に、「感じる」「見える」「聞こえる」ということを言われる人が多い太陽の紋章と言えるかもしれません。

本人は自覚されていないかもしれませんが……

「経営・運営に携わると、本領・手腕を発揮する」

お商売をやっているわけではなくても、経営についてのアドバイスをしたりすると、手腕を発揮されるかもしれません。
必ずしも、コンサルを職業にされているわけではないのですが、そのような人が多いのも事実です。

もし、『赤い地球』を持つ本人が経営していると、感覚的な部分を活かされ、事業展開の仕方が上手かもしれません。

「ナビゲートすること」

人に何かを伝えたり、分かりやすく説明したりと、目的地までの水先案内人のようなナビゲーター的なことをされる人が多いようです。
教え方も上手かもしれません。
教育関係、指導的な立場、リーダー、ファシリテーターなども多いようです。

『赤い地球』の太陽の紋章を、前か後ろに持っている人で、有名な人と言えば……

十三代目 市川團十郎 白猿（市川海老蔵）さん　十二代目 市川團十郎さん

二代目 尾上松也さん　瀬戸内寂聴さん　プロマジシャンの新子景視さん

片岡鶴太郎さん　佐藤健さん　弁護士の橋下徹さん　ウエンツ瑛士さん

玉置浩二さん　画家の千住博さん　松本人志さん　ベッキーさん　中島美嘉さん

YOASOBIのボーカル：ikuraこと幾多りらさん　戸田恵梨香さん

今田美桜さん　桐谷健太さん　指原莉乃さん　小泉今日子さん

松本潤さん　ヒロミさん　藤原竜也さん　元プロ野球選手の清原和博さん

登山家の三浦雄一郎さん　ココリコの遠藤章造さん

Yellow Star
黄色い星

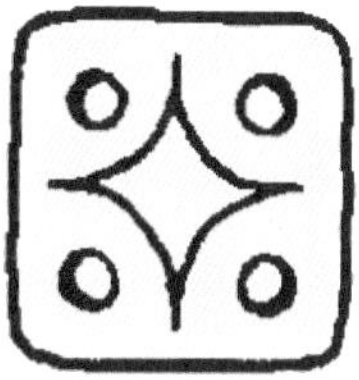

「気品という力」
「美しくするという働き」
「芸術という本質」

ホゼ・アグエイアス博士のキーワード
「Elegance（気品）」「Beautifies（美しくする）」「Art（芸術）」

『黄色い星』の太陽の紋章を、前か後ろに持っている人は、どのような「質」を持っているのでしょうか？

「何もないところから形にする力」

もともとそこにないのだけれど……というものを形にする。

手作りのものを作っていたり、絵を描いたりすることに関心が強いかもしれません。

「そういうものって、いままでなかったですよね」

「そのようにパッと見て分かるようなものって、これまでなかったですね」

そのように言われるものを具体的に創り出したり、提案したりすることもあるようです。

例えば、学校の先生で、黒板やホワイトボードに毎回書くのが大変なので、既製の教材がない場合、手作りしてきて、「はーい、皆さーん！　これを見てください」と授業をするような感じでしょうか。

「モノづくり、手作りもの」

日曜大工が得意なお父さんや、ちょっとしたものだったら手作りしてしまうお母さんのように、ハンドメイドを作っていたり、絵やアートなものを描いてみたり。

必ずしも『黄色い星』を持つ人が、モノづくりをしているわけではないでしょうけれど、そういった分野に興味があったり、小さな頃からアートなことをやりたかったという人も多いかもしれません。

「表現する」「表現者」


「絵で表現する」ということで、アートを描いている。

「曲で表現する」ということで、作詞作曲されている音楽家など。

「言葉で表現する」ということで、「難しい心の状態を、上手に言葉で表現されますねえ」と言われるような、豊かな表現力で説明したり。

ネットやYouTubeで発信をしていて、「すごく分かりやすい」と言われるような人。

「文章で表現する」ということで、作家さんであるとか、

「動きで表現する」ということで、ダンス、踊り、舞踊をされていたり、型を取る薙刀術をされていたりなど、表現にはさまざまな形がありますが。


「キレイなもの、かわいいもの、カッコいいものが好き」

汚いものが好きな人はいないですが（笑）。

女性は、皆さんキレイなものが好きですね。

しかし、『黄色い星』を持つ人の「キレイなものが好き」というのはレベルが違います。

例えば、3歳くらいからマニキュアを塗っているとか、キレイなお姉さんにしか抱っこさせない2歳児の男の子だったり、美を追求することに余念がなかったりするようです。

ただし、「キレイ」という感覚は、多岐にわたるもので、「キレイな状況でありたい」という、独特な感覚をお持ちかもしれません。


「美しい状況でありたいと思う」


美しくない状況というのは、単に散らかっているとか、汚れているというだけでなく、人間関係であったり、仕事の進め方であったり、生き方であるかもしれません。

そのような状況が好きでないようです。


「いますぐ取り組みたい。待てない」


「いま、このわたしの最高の時間を邪魔しないで！」という感覚を持ち合わせていたり。

食事を済ませた後に、「いますぐシュークリームを食べたい！」と思ったら、いますぐ食べないといけない。デートの最中に興味のあるお店があったら、いますぐ入らないと我慢できない。LINEやMessengerでやり取りしている最中なのに、「いますぐ説明しないといけない！」と思ったら、いきなり電話をかけてくるかもしれません（笑）
『黄色い星』の人にしか分からない、「いまを大切にする」という感覚を持つようです。

『黄色い星』の太陽の紋章を、前か後ろに持っている人で、有名な人と言えば……

『ONE PIECE』の作者の尾田栄一郎さん　沢田研二さん　江原啓之さん
香取慎吾さん　矢沢永吉さん　大谷翔平さん　とんねるずの石橋貴明さん
深田恭子さん　鈴木保奈美さん　夏目三久さん　須藤元気さん　菅田将暉さん
YOUさん　長嶋一茂さん　Superflyのボーカルの越智志帆さん
大竹しのぶさん　小泉今日子さん　大原麗子さん　稲垣吾郎さん
サバンナの高橋茂雄さん　高田純次さん　ピアニストの辻井伸行さん
椎名林檎さん　華原朋美さん　イモトアヤコさん　藤井フミヤさん

White Mirror

白い鏡

「果てしなさという力」

「映すという働き」

「秩序という本質」

ホゼ・アグエイアス博士のキーワード

「Endlessness（果てしなさ）」「Reflects（映し出す）」

「Order（秩序）」

『白い鏡』の太陽の紋章を、前か後ろに持っている人は、どのような「質」を持っているのでしょうか？

「古き良き時代のものを大切にしている」「歴史を感じさせるものに興味がある」

博物館の絵画や遺跡、何百年、何千年の歴史を感じさせるようなものに興味を持つ人が多いかもしれません。

もちろん、『白い鏡』を持っていない人でも、絵画や遺跡に興味を持つ人はいるでしょう。

ですが、『白い鏡』を持っている人が感じている世界は、本人にしか分からない独特な感覚のようです。

伝統的なものや、古い場所にばかり興味があるわけではなくて、リゾートと呼ばれる美しい場所も、もちろん好きでしょう。

しかし、古い教会建築を観たり、200年前の街並みが今も残る場所を歩くことの方が好きかもしれません。

『白い鏡』を持っている人の「質」は、見た感じではなく、どちらかというと感覚的なものなので、付き合いを重ねていかないと分からない部分もあるでしょう。

10代後半や、20代前半の男性でも、「女は男の3歩後ろを歩くもの」や、「浮気するくらいが男の甲斐性」という考え方を持っていたりするかもしれません。

女性の場合だと、「男性は立ててあげないといけない」とか、「子育てをしている間は、自分のしたいことなんて、しちゃダメだ」なんて考えを持っているかもしれません。

「自分の代で絶やしてはいけない」「お墓は守らないといけない」と思っておられる『白い鏡』を持つ人も多いかもしれません。

「古風なところがあったりする」

昔から大切にされているような考え方や伝統を、いまも大切にされる人も多いようです。

「伝統工芸」

古くから伝統的にあるものを、現代に復活させるような活動をされていたり、そのようなものを愛でることが好きであったり。

「民族楽器」

日本だと、三味線、琴。

海外だと、ライアー、馬頭琴、アボリジニの楽器など。

必ずしも、『白い鏡』を持っている人だけが、民族楽器に興味があるわけじゃありません。

ですが、『白い鏡』を持っている人が、伝統工芸や民族楽器に対して感じているものは、独特な感覚のようです。

「東洋医学」

中医学、アーユルヴェーダといったものに興味があったり、漢方、鍼、気功など、「中国4000年」という言葉に反応されたり。

病院にも行くし、薬も服用されるかもしれませんが、やはり、東洋医学的なアプローチや、代替医療に関心をお持ちだったり。

「民間療法」

「おばあちゃんの知恵」的なものに興味を持たれていたり。

「ハーブ、薬膳」などに興味を持っていたり。

「着物」

日本の伝統衣装ということで、興味があったり。

「パン」

5000年前のエジプトでは、保存食として扱われていたパンに興味を持っていたり。

このあたりは見た感じでは分かりにくいことばかりなので、会話をしていく中で、「この人、『白い鏡』だなぁ〜」と分かってくるかもしれません。

「こだわるけれど囚われない」「それが全てとは思っていない」

「それが全て」という感覚は持ち合わせていない人が多いようです。

いま何か取り組んでいることがあるとして、さらに良いものを新たに発見すると、迷いなくそちらへ乗り換えることがあったりします。

ですので、周囲からは、「一貫性がない」と言われたり、「何を考えているのかさっぱり分からない」なんて言われたりするかもしれませんが、本人の中では一本筋が通っていて、「わたし何も悪いことしていませんけど」といった感じかもしれません。

「日頃は温厚なのだけれど、言う時は思いっきり火を吐く」「ダメ出しができる」

日頃は、あまり囚われのない感じで、誰とでも仲が良いところがあるのですが、自分が大切にしていることに対して侮辱されたりすると、怒りをあらわにするかもしれません。

自分が取り組んでいることをバカにされたり、家族のことを笑いものにされたりした時には、烈火のごとく怒り出す人も多いようです。

『白い鏡』の太陽の紋章を、前か後ろに持っている人で、有名な人と言えば……

高島礼子さん　羽生結弦さん　渡辺直美さん　前田敦子さん　平野紫耀さん
森高千里さん　木村拓哉さん　小峠英二さん　デヴィ・スカルノさん
キム・ヨナさん　山田優さん　女子プロテニス選手の大坂なおみさん
桐谷美玲さん　深田恭子さん　『ONE PIECE』の作者の尾田栄一郎さん
浜田雅功さん　瀬戸朝香さん　ユースケ・サンタマリアさん　玉置浩二さん
松本人志さん　ウエンツ瑛士さん　上野樹里さん　とんねるずの木梨憲武さん
平野レミさん　倉木麻衣さん　黒柳徹子さん

Red Moon

赤い月

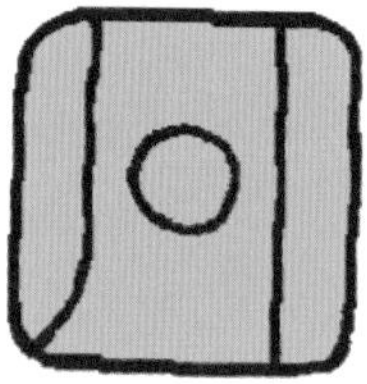

「宇宙の水という力」
「浄化するという働き」
「流れという本質」

ホゼ・アグエイアス博士のキーワード

「Universal Water（宇宙の水）」「Purifies（清める）」
「Flow（流れ）」

『赤い月』の太陽の紋章を、前か後ろに持っている人は、どのような「質」を持っているのでしょうか？

「言葉や文章にインパクトがある」「説得力がある」

もちろん、『赤い月』を持っていない人でも、言葉や文章にインパクトがある人は多いでしょう。

ですが、よくよく意識して観察してみれば分かりますが、『赤い月』を持っている人の言葉や文章は、一味違うインパクトがあります。

本人は、無自覚なところもポイントです。

『赤い月』を持っている学校の先生が、「がんばれ！　できるから！」と声かけをすると、子どもたちは必死でがんばろうとするでしょう。

また、営業マンが、「コレ、絶対に良いものですから！」と説明をすると、「あなたがそう言うのでしたら買いましょう」と、不思議と商談が進むかもしれません。

「営業」「人前で話をする」

本人が思っている以上に、説得力ある言葉を発していることが多い、それが『赤い月』

を持つ人です。

もちろん、あがり症で人前で話すことが苦手な『赤い月』も多いでしょう。

ですが、あがり症や人見知りと、言葉に説得力があるのとは別問題です。

怒りにまかせてLINEやMessengerでメッセージを打ち込んで送信すると、もうそれっきり相手から返信がなかったり。頭にカーッと血がのぼって口論になり、ハッと我に返ると相手ともう会えなくなってしまうこともあるかもしれません。

本人が思っている以上に、強烈な言葉を発したり、文章を書いてしまうようです。

それがプラスに転じれば、人を感動させるような文章を書いたり、人を幸せにする言葉を伝えたりできるということですので、何も悪いことばかりではありません。


「言葉に殺傷力がある」


悪意があるわけではなく、言葉がキツく聞こえてしまうようです。

物事の核心部分を見抜いて言い放つことができるようで、相手をドキッとさせることができます。

無自覚のうちに、問題の一番のポイントを見極めることができるようです。

ですから、言葉やメッセージがキツく感じたとしても、「この人は、『赤い月』を持っている人なのだなぁ……」と、温かい目で見て差し上げた方が良いでしょう。

「転んでもタダでは起きない」「逆境をバネにする芯の強さ」

「これだけ痛い目に遭えば、もう二度と立ち直れないだろう」と思うようなことでも、『赤い月』を持っている人は、つらい目に遭うと、そのつらかった体験をバネにして、成長を遂げてしまうかもしれません。

つらい経験や、イヤな体験が原動力となり、さらに、人格的な成長を遂げるところがあるようです。

だからといって、痛めつければ良いというわけではありませんが。

つらく悲しかった人生体験が糧となって、より精神的に成長する度合いが、他の太陽の紋章を持つ人と比べると頭１つ抜けているようなのです。

「いつまでも忘れない」「リベンジする力」

いつまでもしつこいということではなく、つらかったり、イヤな経験をバネにして、人間的にも成長する「質」を持っていると捉えた方が良いようです。

「新しい流れを作り出す」

「この業界で、そのようなことをやった人って、いままでいなかったですね」

「このアイテムを使って、そのようなものを作った人って、これまで誰もいませんでしたよね」と言われるような、画期的なアイデアや発明で、その分野に新たな可能性をひらく人も多いようです。

『赤い月』の太陽の紋章を、前か後ろに持っている人で、有名な人と言えば……
須藤元気さん　木村拓哉さん　デヴィ・スカルノさん　松本潤さん
藤原竜也さん　桑田佳祐さん　明石家さんまさん　坂上忍さん　綾瀬はるかさん
北川景子さん　千鳥の大悟さん　小峠英二さん　ネプチューンの堀内健さん
イチローこと鈴木一朗さん　横山やすしさん　神田うのさん　賀来賢人さん
二代目　中村獅童さん　レディー・ガガさん　コブクロの小渕健太郎さん
壇蜜さん　菅田将暉さん　宮﨑あおいさん　山田優さん　高島礼子さん
渋谷凪咲さん

Blue Storm

青い嵐

「自己発生という力」

「促進させる働き」

「エネルギーという本質」

ホゼ・アグエイアス博士のキーワード

「Self-Generation（自己発生）」「Catalyzes（促進させる）」

「Energy（エネルギー）」

『青い嵐』の太陽の紋章を、前か後ろに持っている人は、どのような「質」を持っているのでしょうか？

「人をやる気にさせる力、その気にさせる力」

軽い感じで「買っちゃえ、買っちゃえ」と言ったら、友だちが本当に買ってしまい、「本当に買ったんだ⁉」と『青い嵐』を持つ本人が驚き、「あなたが買えって言ったんじゃない」と言われるようなことがあるかもしれません。

生徒さんたちを鼓舞させることが上手な先生だったり。

「こうするともっと簡単ですよ」「こうするともっと早くできますよ」と、インストラクターやアドバイザーとして活動する人だったり。

『青い嵐』を持っている人が、全員インストラクターが適職というわけではありませんが、そのようなことをしている人も多いようです。

「何事においても、やる！　となったらとことんのめり込む」「周りが心配してしまうくらい」「必ずケロリと戻ってくる」

自分が興味を持つと、一時、のめり込んでしまい、とことん突き詰めてしまうところがあるかもしれません。

家族が心配して、「ずっと行ってるぞ。大丈夫か？　ずっと通ってるぞ。毎日行ってるぞ。大丈夫なのか？」と心配されたり。

「あればっかり食べてるぞ。大丈夫なのか？　毎日食ってるぞ。あれしか食っていないぞ。大丈夫なのか？」と心配されたり。

ですが、「必ずケロリと戻ってくる」

「もう行かないのか？」「行かない」

「あれだけ毎日行っていたのに、もう行かないのか？」「行かない」

「もう食べないのか？」「食べない」

「冷蔵庫にまだ１００個くらい残っているけど、もう食べないのか？」「食べない」

一時期、とことんのめり込むのですが、一段落すると、必ず元の状態に戻ってくる。

ですから、『青い嵐』を持つ人が、その時、集中して取り組んでいることは、温かく、長い目で見守ってあげた方が良いかもしれません。

小さなお子さんの場合は、ただでさえ子どもは、好奇心のかたまりですから、「うちの子は、『青い嵐』を持っている子なのだなぁ……」と、いま興味を持っていることへの火を消してしまわないようにしてあげると良いかもしれません。

「仕事、趣味、自己探求、恋愛、結婚、家庭が、全て同一線上にあるタイプ」

一般的に、仕事と恋愛は別、趣味と結婚は別となるものですが、『青い嵐』を持っている人は、それらが全て同じライン上にあるようなのです。

これは、さまざまなケースがあるので、一概には言えないところもありますが、例えば、『青い嵐』を持つ人が「仕事！」となったら、恋愛や家族の方に意識が向かなくなってしまうくらい、仕事に没頭してしまうかもしれません。

もちろんそれは、責任感の表れなのでしょうけれど、急な仕事が入ると、デートや約束の予定の方を変更しようとしたり、「ちょっと集中したいので、3週間ほど会えなくなるけどゴメンね」なんていうところもあるかもしれません。

反対に、「家族！」となってしまうと、自分の趣味や、自分がしたいことなど全くなく、家族のために尽くすようになるかもしれません。

そのようなところから派生して、

「家族、家庭から学ぶことがある人生」

これは、家庭不和が生じるとか、家庭に問題が起きやすいとか、そういうことではありません。

『青い嵐』を持つ人は、今回の人生において自らに課したテーマの1つに、「家族、家庭からの学び」というのがあるようです。

これは、いろんなケースがありますが、例えば、お父さんがすごく忙しい人で、出張や転勤が多く、あまり一緒にごはんを食べた記憶がないとか。

自営業だったので、両親が毎日遅くまで忙しくしていて、あまり親とゆっくり話をしたことがないとか。

進学や就職で、早いうちに親元を離れて一人暮らしをしているとか。

結婚した相手が会社の経営者で忙しく、帰ってくるのがいつも深夜だったとか。

実家なのか、自分の家族なのか、自分の子どもの家族なのか分からないですが、『青い嵐』を持つ人は、外でもいろいろとあるのですが、家族の中でもさまざまな体験をされることがあるようです。

これは決して、家族に問題が起こりやすいであるとか、そのようなことではありません。

「この世界が全てで、死んだらおしまい」と思っている人だと、「うちは、外でもいろいろあるけれど、家族のことでもいろいろあるよなぁ」と思ってしまうかもしれないですが、何万通りあるパラレルの中で、今回のこの現実では、家族、家庭の体験をしに来られているということかと思います。

『青い嵐』を持つ人で、家族のことでいろんな体験をされているのであれば、今回の人生のテーマを、きちんと全うされていると言えるでしょう。
何度も言いますが、これは決して、家族に問題が起きやすい、であるとか、家庭不和が生じやすいということではありません。

『青い嵐』の太陽の紋章を、前か後ろに持っている人で、有名な人と言えば……

石原さとみさん　安室奈美恵さん　米倉涼子さん　政治家の山本太郎さん
プロフィギュアスケーターの荒川静香さん　黒木メイサさん　三浦友和さん
中村倫也さん　橋本環奈さん　伊藤英明さん　オダギリジョーさん
忌野清志郎さん　ガンバレルーヤのまひるさん　ガンバレルーヤのよしこさん
坂上忍さん　稲垣吾郎さん　大原麗子さん　ココリコの田中直樹さん
高橋みなみさん　杏さん　吉川晃司さん　田原総一朗さん　滝川クリステルさん
Ｓｕｐｅｒｆｌｙのボーカルの越智志帆さん　鳩山由紀夫さん
ネプチューンの堀内健さん

White Dog
白い犬

「ハートという力」
「愛するという働き」
「忠実という本質」

ホゼ・アグエイアス博士のキーワード
「Heart（ハート）」「Loves（愛する）」「Loyalty（忠実）」

『白い犬』の太陽の紋章を、前か後ろに持っている人は、どのような「質」を持っているのでしょうか？

「妙にまじめなところがあって、傷つくことも多い」

不正が許せなかったり、ウソがキライだったり。

小さな頃から、「どうしてあんなヒドイことをして平気なのだろう……？」「どうして簡単に約束を破っちゃうのだろう？」という感じで、周りが気がつかないところで傷ついていることがあるようです。

「妙にまじめ」というところが、『白い犬』を持っている人の、非常に重要なポイントです。

それが、どのように現れてくるのか？　を見極められれば、上手にお付き合いできるかと思います。

「まじめに見られる」

実際、まじめな人が多いです。

以前に、20代前半の男性が、彼女に連れられて、マヤ個人セッションを受けに来られました。

彼氏は、すごく態度がふてぶてしく、ヘラヘラしていたのですが、彼女が言うには、仕事は皆勤賞で、無遅刻、無欠席の超まじめな人とのことでした。

見た目で判断してはいけません。


「約束も守るし、時間も守るし、情に厚くて、義理堅いので、周りからの信頼は大きい」

「任されたことは誠心誠意取り組む」

その日だけの仕事や、清掃の仕事であっても、任されたことは一生懸命に取り組むところがあります。

それ故に、仲間内や職場での信頼は大きいです。

中には、信頼できない『白い犬』もいるかもしれませんが、基本、まじめで一生懸命な人が多いようです。


「本人は、一生懸命とは思っていない」

「手を抜くところはしっかり抜いている」

家族が寝静まってから、１人でワインを飲んでいるとか。

週に1日、シュークリームを5つくらい食べる日があるとか。

日中に、ひそかにお風呂に入っているとか。

家族に内緒で岩盤浴に通っているとか。

家事をする時は徹底してするのだけれど、しない時は干した洗濯物を床にそのまま置いていたり。

これらは極端な例ですが、オンとオフの切り替えがしっかりできるようで、「これをしている時が本当に幸せ〜」という自分流の癒しを心得ていたりします。

ですから、そのような自分をよく知っているので、周りから「きちんとされていますね」とか、「まじめですよね」と言われても、「全然ですよ。どちらかと言えば適当ですよ」と答えるわけです。

しかし、表向きは、まかされたことは誠心誠意取り組むし、一生懸命なので、やはり周囲からの信頼は大きい人が多いです。


「この人！　とゾッコン惚れ込むと、とことん一途」

「この人!!」「この先生！」と思える存在が現れたら、一直線になってしまうかもしれません。

もちろん、誰しも、好きな人には尽くすところはあるでしょうけれど、まじめで一生懸命な『白い犬』を持つ人は、本当に一途に尽くすところがあるようです。

「独創性、オリジナリティーを持っている」「変わった人が好き」

かなりのオリジナリティーというか、独創性を持っているようです。

『白い犬』を持っている人に決して言ってはいけない言葉は、「普通だったら」とか「常識だと」です。

なぜなら、本人の中では、それは「普通じゃないこと」「常識じゃないこと」になっているかもしれないからです。

かなり発想が変わっているところがあります。

それ故、画期的な発明や、人が思いつかないようなアイデアを思いついたりするわけです。

非常識と思うのではなく、その才能を認めてあげることが大切でしょう。

自分自身も変わっているので、変わった人というか、個性豊かな人のことが好きなようです。

「媒体としての役割」

日本でなら、青森県の恐山にいるイタコのような、海外でならチャネリングと言うのでしょうか。

必ずしもチャネリングをしているわけではありませんが、霊的な感覚を持つ人が多い太陽の紋章でもあります。

現実的なところだと、先生やお師匠さんの言われたことを、そのまま脚色せずに周りに伝えることをしているかもしれません。

「先生はこのように話されていましたので、そのまま皆さんにお伝えしますね」

大切な思想や伝承を、そのまま後世に伝えることをされている人など。あくまで媒体としての役割があるようです。

『白い犬』の太陽の紋章を、前か後ろに持っている人で、有名な人と言えば……

大泉洋さん　劇団ひとりさん　政治家の山本太郎さん　相葉雅紀さん
浅田真央さん　前田敦子さん　板野友美さん　ダルビッシュ有さん
本田翼さん　優香さん　ＭＩＳＩＡさん　南海キャンディーズ山里亮太さん

小栗旬さん　中村玉緒さん　『ジョジョの奇妙な冒険』の作者の荒木飛呂彦さん
元プリンセス プリンセスのドラムの富田京子さん　小田和正さん　夏目三久さん
X JAPANのYOSHIKIさん　瀬戸康史さん　キム・ヨナさん
滝沢秀明さん　尾崎豊さん　元サッカー日本女子代表の澤穂希さん
ガンバレルーヤのまひるさん　ガンバレルーヤのよしこさん

Yellow Sun

黄色い太陽

「宇宙の火という力」

「啓発するという働き」

「生命という本質」

ホゼ・アグエイアス博士のキーワード

「Universal Fire（宇宙の火）」「Enlightens（啓発する）」

「Life（生命）」

『黄色い太陽』の太陽の紋章を、前か後ろに持っている人は、どのような「質」を持っているのでしょうか？

「人が喜んでくれると自分もうれしい」

誰しも、人が喜んでくれるとうれしいですが、『黄色い太陽』を持っている人は「特に」という感じです。

「楽しかった、美味しかった、来て良かったなどと言ってもらえるとうれしい」

準備から何から大変で、「もうこんなこと二度とやらないから！」と思っていても、当日、「今日は本当に楽しかったです」と言われたりしたら、「またやっちゃおうかな♪」となるのも、『黄色い太陽』が持つ「質」のようです。

ですから、

「人のため、周りのために動ける」

人に何か施しを与える活動や仕事をしていることも多いようです。

仕事ではなくても、パーティーなどでも、自分は作る側で、みんなが美味しいと食べてくれる姿を見るのが楽しかったり、たくさん作ったものをご近所に配ったりすることが楽しかったりする人も多いです。

「立場や年齢は、あまり関係ない」

その人が、経営者であろうが、会社の社長であろうが、清掃員の人であろうが、小さな子どもであろうが、高齢者の人でも、その人がどのような立場なのかは、あまり関係がないようです。

会社の社長に対してでも、おかしいことがあれば、「おかしいのではありませんか？」と、ハッキリ言えるので、「彼女は要注意だね」と目をつけられたりするかもしれません。

小さい子どもさん相手でも、非常識と感じるようなことをすれば本気で怒るでしょうから、「コワイ～」と恐れられたりするかもしれません。

目上の人だからとか、年上だからとか、子どもだからとか、相手がどのような立場なのか？　は、『黄色い太陽』にとって、あまり関係がないようです。

そのような「質」は、良い方向に展開する場合もありますが、時として、物議を醸す場合もあります。

決めつけるわけではなく、「この人は『黄色い太陽』を持っているのだなぁー」と知っていれば、その人の取る言動に対して、一喜一憂せずに済むかと思います。

「とてもしっかりしているようで、すごくアバウト」

「しっかりしているようで、ざっくりしたところもあったりする」

「お店に行けばあると思います。大丈夫、大丈夫。たくさん売ってるから大丈夫ですよ」と言っていて、「行ったら残り1個だったわよ。あったから良かったけど、なかったらすごくショックを受けてたわ」と言われたり。

「多分2000～3000円くらいかな。安いと思います。大丈夫、大丈夫」と言っていて、「行ったら8500円もしたわよ！　買ったけどさー、びっくりしたわ」と言われたり。

「とりあえず、この道を真っすぐ行ったら駅に着きますから」

「真っすぐって、もうそこから道路が曲がっていますけど、真っすぐなんですか？」

「うん。大体この延長線上にありますから。大丈夫、大丈夫」

「ざっくりしていますねー」と言われたり。

悪意があってやっていることではなく、ざっくりしているだけなのです。

良い意味で、「あの人って面白い人ですよね」「憎めない人ですよね」と言われるような愛されキャラの人が多いです。
きちんとお仕事もされているし、しっかりしているように見えるのだけれど、結構、愛らしい側面も持っていたりする、それが『黄色い太陽』を持つ人なのかもしれません。

『黄色い太陽』の太陽の紋章を、前か後ろに持っている人で、有名な人と言えば……

相葉雅紀さん　綾瀬はるかさん　ＤＡＩＧＯさん　新庄剛志さん
永井真理子さん　ＹＯＡＳＯＢＩのボーカル・ｉｋｕｒａこと幾田りらさん
サバンナの高橋茂雄さん　彦摩呂さん　磯野貴理子さん　二階堂ふみさん
ナインティナインの岡村隆史さん　石原さとみさん　安室奈美恵さん
黒木メイサさん　米倉涼子さん　元体操競技選手の内村航平さん
三浦友和さん　中村倫也さん　プロフィギュアスケーターの荒川静香さん
里田まいさん　生田斗真さん　Ｘ　ＪＡＰＡＮのＴｏｓｈｌさん
男子プロテニス選手の錦織圭さん　藤田まことさん　中村玉緒さん
理論物理学者のアルベルト・アインシュタインさん

20ある太陽の紋章それぞれが持っている「質」や「傾向」は、誰もがそのようなところがあるのです。

しかし、その太陽の紋章を持つ人は、その部分が特に強いと理解してもらえると良いかと思います。


20ある太陽の紋章で職業を決めるのは、少し雑ではないかと思います。

例えば、『赤い竜』を持つから料理人が向いているというわけではありません。

20ある太陽の紋章の1つひとつ全て、あらゆる職種の可能性が当然あるでしょう。

『青い鷲』を持つ人が、料理人をしていることも当然あります。

『黄色い戦士』を持つ人は、料理人には向いていないなどということもありません。

『白い鏡』を持つ料理人も、世の中には数多く存在するかと思います。

太陽の紋章が異なるということは、料理人としての「表現の仕方が異なる」ということです。

『赤い竜』を持つ人と、『青い鷲』を持つ人と、『黄色い戦士』を持つ人とでは、本人のベースにあるものが異なりますから、当然のごとく、料理人としてのこだわりや捉え方が異なるでしょう。

これは、日本人とフランス人とでは、料理に対して持つこだわりや捉え方が異なるみたいなものです。

「この太陽の紋章だから、この職種が向いている、この職種は向いていない」などということは、本来あり得ないのです。

エピローグ

何のために「20ある太陽の紋章」の人の質を知るのか？

20ある太陽の紋章それぞれにおける「人の質」を知ることで、より深く周りの人たちと付き合うことができるかと思います。

例えば、家族が持つ「質」を知ることで、親子であっても、兄弟であったとしても、相手とのより良い関わり方が分かったり、家族のことをより理解することができるのではないでしょうか。

もちろん、家族は、強い絆で結ばれていますから、以心伝心などもあるかと思います。

しかし、その人の魂が持つ傾向が分かっていれば、どうしてそのような態度を取るのか？　どうしてそのような言葉を使うのか？　の理由を知った上で付き合えるかと思います。

これは家族にだけ当てはまることではありません。

世の中の大半の悩みは人間関係から生じていると言われます。

その人の持つ「質」が理解できると、納得できなかった言動の理由が腑に落ちるのではないでしょうか。

20ある太陽の紋章に表される「質」をあらかじめ知ることで、その人が発する言葉や、一挙一動の意味が分かるようになれば、振り回されたり、思い悩むことも少なくなるかもしれません。

そうなると、些細な人間関係で憂えたり、家族とのやり取りの中で感情が揺らぐような時間も少なくなり、もっと自分自身が楽しめること、面白いと思えること、ハッピーになれることに、時間を使えるようになるのではないでしょうか。

わたしたちは、同じ時代を生きていて、同じ人間で、しかも、同じ日本人で、ましてや、家族なのだからといった具合に、ともすれば、大体「このように考えているだろう」「感じているだろう」「受け止めていることだろう」と思ってしまいがちです。

しかし、同じ人間であっても、たとえ親兄弟であったとしても、ベースになる「質」が違えば、考え方、感じ方、受け止め方も違って当たり前なのです。

もちろん、DNAは親から引き継いでいますから、似たような顔をしていたりします。

ですが、その人が今回の人生で担ってきた「役割」というものは、生まれた日の「太陽の振動」によって1人ひとり違うのです。

そして、その役割を、どのように開花させ、表現させせるのか？　も、これまた1人ひとり違います。

双子で生年月日が同じだからといって、同じ人生ではないことからも、それは明白なことです。

ただし、生まれ持ったベースとなる「質」は同じなのです。

わたし個人としましては、銀河のツォルキンを用いて、マヤ個人セッションをさせてもらえるという幸運な機会に恵まれたことで、20ある太陽の紋章について、1つひとつ書かせてもらえているわけなのですが、読者の皆さんの人生に何らかのお役に立つようであれば、それ以上の喜びはありません。

ツォルキンの学は未来の可能性をひらく

本書では、銀河のマヤが初めてという人に向けて、20ある太陽の紋章における「人の質」を紹介させていただきました。

まずは、20ある太陽の紋章において、中庸な立場と解釈で本書を上梓できたことを、心からうれしく思います。

ツォルキンは、いまだほとんど解明されていない未知の可能性を秘めたものです。

「銀河連盟」から情報を取っていたホゼ・アグエイアス博士は、「時間の法則」の全体像を明らかにし、２０１１年3月に銀河へ還りました。

ツォルキンの解読について、３次元の現実生活においての活用の仕方は、後継に託したのではないかと思います。

ツォルキンはこれから学問の場において、研究対象として認知されていくものであると思っています。

しかし、現状は、学問の場で論じられるどころか、一般にはいまだほとんど知られてさえいません。

相性診断や性格判定の占いの類と誤解されている状況です。

わたしも、ツォルキンのことを分かっているとは到底言えないレベルです。

現時点で、自分はツォルキンについて知っているなどと思うほど愚かではないつもりです。いま、世の中に存在している銀河のマヤに関する情報の全てを集めたとしても、恐らくは、ツォルキンの全体像の2％にも満たないと思われます。

まさに、ツォルキンの学は、スタートラインにさえ立っていない未来の学問と言えるでしょう。

わたしは、ツォルキンにおける新たな学問体系を作り上げたいと思っています。


そして、後半の人生は、マヤ文明圏における遺跡発掘考古学プロジェクトの資金援助をしたいと考えています。

マヤ系先住民の代表アレハンドロ大長老さんが、マヤの聖地を取り戻す活動を続けていて、わたしもそのための資金援助を何度かしましたが、まだまだわずかしかマヤの聖地は取り戻せていません。

不思議なご縁のある、日本の裏側の、親しく関わらせてもらっている人たちなので、この活動は今後も続けていきたいと思っています。

残る余生は、自分自身も楽しみながら、仲間たちと一緒に、ツォルキンの実証研究や、マヤ文明圏に関わる活動を実現できれば本望です。

終わりに

わたしは、2005年からマヤ個人セッションを始めました。

銀河のツォルキンと出会った当時、「これで一儲けできる」と思ったわけではなく、全く知らなかったマヤの世界を学ぶことがただただ面白くて仕方がなく、夢中になりました。

ツォルキンと出会われてそのような想いになる人は多いのではないでしょうか。

銀河のツォルキンは、全ての地球人類の記憶の中にあるものと言われています。

ですから、「理由は分からないけれど、とにかく惹かれる」という人が多いのは当然なのかもしれません。

そのような想いで一心不乱に学びを続けていると、いつの間にか、銀河のマヤを伝える側の立場になっていました。

現在は、ホゼ博士が生涯を懸けて遺した銀河のツォルキンと「13 Moon Calendar」の普及活動はもちろんのこと、1987年に「世界平和の祈り（ハーモニック・コンバージェンス）」を実現した祈り人としてのホゼ博士の遺志を継いで、この流れを汲んだ、「ネオ・ハーモニック・コンバージェンス」を２０３９年に実現させるために、祈りについての活動を進めています。

２０１９年から進めてきた「銀河の音とギャラクティック・シャーマンへの道プロジェクト」ですが、２０２３年7月には「世界のグランドマザーと女性性の時代」と題して、日本のみならず、世界に視野を向けた、祈りの重要性を確認する集会を開催しました。

２０３９年の前段階として、２０２６年に「ネオ・ハーモニック・コンバージェンス」の第１弾を開催、実現させるつもりです。


わたしたちは、これまで当たり前とされてきた概念から、もう抜け出す段階を迎えているのではないでしょうか。

これまで当たり前とされてきた概念とは、「自分１人の力で成り上がる」であるとか、「自分さえ良ければそれで良い」「他の人のことなんてどうだって良い」というような、「狭い世界」に生きるのではなく、これからの時代は、意識を地球意識に上げていく必要があると思います。


これからの時代とは、銀河の10万４０００年周期の極大サイクルが完了し、２０１３年

7月26日「銀河の同期ポイント」から始まった新しい時代が本格化してきている、2022年冬至以降の段階、つまりは、2023年以降の時代です。

この新銀河時代（ヌースフィアの段階）と呼ばれる時代に、わたしたちは生きていることを、そろそろ自覚した方が良いかと思います。

2023年から、新しい時代の勢いが加速してきていることは間違いありません。

これまでの在り方や、進め方では対応できないことが、全体的にも個人レベルでも、すごい勢いで起き始めているかと思います。

単なる綺麗事に聞こえるかもしれないですが、わたしたちは地球に生かされているわけですから、地球のことも考えながら生きないといけないほど、すでに袋小路に入ってしまっている状態だと思います。

地球にも「意識」があります。

その上に生かしてもらっているのですから、他人事ではありません。

そして、地球意識だけでなく、これからの時代は、地球意識を超えて、太陽意識、さらに、銀河意識にまで上げていく時代を迎えているのだと思います。

これは、エコに生きるなどと言うものとは違います。

地球意識、太陽意識、銀河意識を抱きながら、地球人類のこれからを見据え、いま自分のやるべきことを進めていく段階が訪れているのだと思います。

そのために、これまでの自分自身が縛られていた、信念体系として刷り込まれてきた常識や、劣等感、被害者意識を解除していくことが、個々において、クローズアップされる現象が起きているのではないでしょうか。

目に見えない、自覚すらない巨大な縛りから、そろそろ地球人類が解放されないといけない段階にきているのだと思います。

このような活動を何のために伝え続けているのだろうか？　と考えてみたのですが、明確な理由は自分でもよく分かりません。

何かに突き動かされるように、とにかく動いてきたこれまでであり、そして現在も動き続けています。

もちろん、マヤ個人セッションを受けてくださった方々から感謝の想いをいただけることは、本当にありがたいことですし、活動の原動力になっていることは確かです。

人からの感謝をいただくということは、お金を払って手にできるものではないですので、これほどありがたく、うれしいことはありません。

また、日常生活でのツォルキンの意識の仕方をセミナーで伝えたり、構造や仕組みについて講演会などで話をすると、参加された方々が、瞳をキラキラと輝かせて、ワクワクされている様子を見ることも、うれしくて仕方がありません。

そのようなうれしい見返りは当然あるのですが、感謝されたり、喜んでもらえるから、銀河のマヤの活動をしているわけでもないのです。

わたしにとって銀河のマヤの研究と実践は、ただただ楽しいことなのです。

世間一般の「楽しいこと」とは比較にならないくらい楽しいが故に、一心不乱に突き進んでこられたのだと思います。

周りが「楽しい！」と言って盛り上がっていることや、「面白い！」や「美味しい！」と盛り上がっているようなことに一切意識が向かなかったのは、ツォルキンを介して見える摩訶不思議な世界を体験させてもらえたからでした。

黙々と、実践と研究を突き詰め、そこで得られる感動を味わい、楽しんできました。

そのような意味では、わたしはオタクなのだと思います。

銀河のマヤオタクです（笑）。

世間一般の楽しさ、幸せを基準に見れば、特に旅行もしない、美味しいものにも興味がない、趣味もないので、つまらない人生と思われそうですが、銀河のマヤの活動をしていたおかげで、メキシコ、グアテマラ、エルサルバドル、エジプト、日本各地……、結構、行かせてもらってきました。

銀河のマヤの活動をする中で、北は北海道から、南は沖縄の離島まで、旅する機会に恵まれました。

あり得ないほど美しい景色の場所や、美味しいお店に連れて行ってもらう機会も、これまでたくさんありました。

本当にありがたいことです。

日本の先住民と言われる北海道のアイヌの人たちや、琉球国の女性神官と交流させていただいたり、古代マヤ文明の末裔の先住民をはじめ、世界の先住民の方々とご縁を結ばせていただきました。

銀河のマヤと出会えたおかげで、あり得ない体験を人一倍させてもらえた感じでしょうか。

考えてみると、ありがたいことに、いまもステキな人生を歩ませてもらっています。

銀河のマヤ以外のことも、これから楽しんでいくとは思いますが、銀河のマヤ以外のことにハマることは、もうこれから先の人生でないと思います。

「銀河連盟」から見限られたら、全然違う方向に進むことになるかもしれませんが（笑）

銀河のマヤを深めていけば、これ以上ないと感じるほどの楽しい体験をさせてもらえるということです。

10年以上、それこそ20年近くカレンダーリーダーとして活動しているメンバーさんがいる理由も、きっと同じような感じなのではないかなと思います。

本書に出会われたご縁ある皆さんにも、ぜひ、この体感を味わっていただきたいと思っています。

参考文献

『アース・アセンディング』（Bear & Company） ホゼ・アグエイアス
『マヤン・ファクター』（VOICE） ホゼ・アグエイアス
『アルクトゥルス・プローブ』（たま出版） ホゼ・アグエイアス
『時空のサーファー』（小学館） ホゼ・アグエイアス
『「新しい時間」の発見』（風雲舎） ホゼ&ロイディーン・アグエイアス
『古代マヤ暦の秘密』（コスモトゥーワン） メムノシス・Jr.
『古代マヤ暦の暗号』（ぶんか社） メムノシス・Jr.
『銀河のビーム　マヤツォルキン』（ヒカルランド） 秋山広宣

著者プロフィール

秋山広宣　あきやま　ひろのぶ

1970年生まれ。銀河のマヤと古代マヤの研究者。

高次元のエネルギーマトリクス「銀河のツォルキン」だけを用いたアルクトゥルス・リーディング「マヤ鑑定」を創り上げる。

高次元の宇宙情報「銀河のマヤ」と、マヤ文明の伝統としての「古代マヤ」の深部の情報との両方に精通する極めて稀有な存在。

古代マヤ文明の末裔キチェ・マヤ第13代最高位シャーマンである、マヤの代表ドン・アレハンドロ大長老と2014年から交流し、机上では決して学ぶことのできない古代マヤの深部の学びを現在も継続中。

著書に『銀河のビーム　マヤツォルキン』、DVDに『銀河の同期』『銀河のマヤとヌースフィアの時代』『高次元の振動と共振する秘訣　銀河のマヤツォルキン活用術』『銀河の音とギャラクティック・シャーマンへの道』などがある。

自分の本質を知る

銀河のマヤツォルキン［人の質編］

「もう1つの時間」で量子テレポーテーションを起こす

第一刷　2024年4月30日

著者　秋山広宣

発行人　石井健資

発行所　株式会社ヒカルランド

〒162-0821　東京都新宿区津久戸町3-11　TH1ビル6F

電話　03-6265-0852　ファックス　03-6265-0853

http://www.hikaruland.co.jp　info@hikaruland.co.jp

振替　00180-8-496587

本文・カバー・製本　中央精版印刷株式会社

DTP　株式会社キャップス

編集担当　川窪彩乃

ISBN978-4-86742-365-3

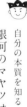

【マヤ個人セッションの内容】

高次元のエネルギーマトリクス「銀河のツォルキン」が教えてくれる、

あなた自身の魂が目指そうとしている方向性、人生の流れを解き明かします。

宇宙の根源的なコードが記された「銀河のツォルキン」を

幾層にも深く読み解いていくことで、今世の役割や、大切な家族との関わり、

いま、自分がいる人生の位置が分かります。

いま、あなたに何が必要なのか？

これからどのような流れを歩むのか？

などが分かることで、現状から一歩前に踏み出すことができるでしょう。

※マヤ個人セッションでは「銀河のツォルキン」をもとに、
ご本人の質や人生の流れをお伝えします。
※関係性では、ご本人との関わりのみお伝えします。

すべての回で、Zoom でのオンラインセッションも承っています。

［通常セッション］70,000 円（税込・事前振込）/210 分

［再セッション］40,000 円（税込・事前振込）/90 分

ご注意

〔通常鑑定〕

・お申し込みの際、必ず、正確な生年月日をお知らせください。

・関係性は、3 名様（ご本人含まず）まで、もしくは一世帯まで料金内にて見させて頂きます。（例：ご本人＋両親＋ご兄弟＝ 1 世帯、ご本人＋配偶者＋お子様＝ 1 世帯）

〔再鑑定〕

・人生の波（人生の流れ）」の続きのみお伝えします。

お問合せ：元氣屋イッテル
E-MAIL：info@hikarulandmarket.com
TEL：03-5579-8948（11：00 ～ 18：00）
詳細・お申し込みはこちらの QR コードから ──→

銀河のマヤカレンダーアイテム

西暦の 12 か月カレンダーを生活の基準に暮らすわたしたちが、宇宙のリズムを表す銀河のマヤカレンダー「ツォルキン」を、日々の生活に意識するためには、どうすればいいのか？　を考えました。

わたしたち地球人類は、2013 年 7 月 26 日の「銀河の同期ポイント」から、新銀河時代を迎えています。

古い時代のカレンダーの「12 対 60 の電磁波的な縛り」から、意識の波長を、新しい時代のカレンダーの「13 対 20 の解放の振動」へと変える段階にあるのです!!　新銀河時代をステキに波乗りするための必須カレンダーアイテム!!

銀河のマヤの太陽暦「13 Moon Calendar」

白い倍音の魔法使いの年～青い律動の嵐の年にも対応！！
西暦 2024 年 1 月～ 2024 年 12 月で展開されながら、
銀河のリズムである 260 日周期を体感できるカレンダーです。

銀河のマヤカレンダー　情報ダイアリー 2024
（2024 年 1 月 1 日～ 12 月 31 日）
月間は、2023 年 10 月～掲載
Ｂ６判（18.2 × 12.8 ｃｍ）196 ページ
販売価格 **2,860** 円（税込）

銀河のマヤカレンダー　壁掛けタイプ 2024
（2024 年 1 月 1 日～ 12 月 31 日）
A4 サイズ（見開き縦 A3 サイズ）
販売価格 **1,980** 円（税込）

銀河のマヤカレンダー　卓上タイプ 2024
（2024 年 1 月 1 日～ 12 月 31 日）
印刷面（182 × 128）
販売価格 **1,980** 円（税込）

ご注文はヒカルランドパークまで TEL03-5225-2671　https://www.hikaruland.co.jp/

＊ご案内の価格、その他情報は発行日時点のものとなります。

地上の星☆ヒカルランド　銀河より届く愛と叡智の宅配便

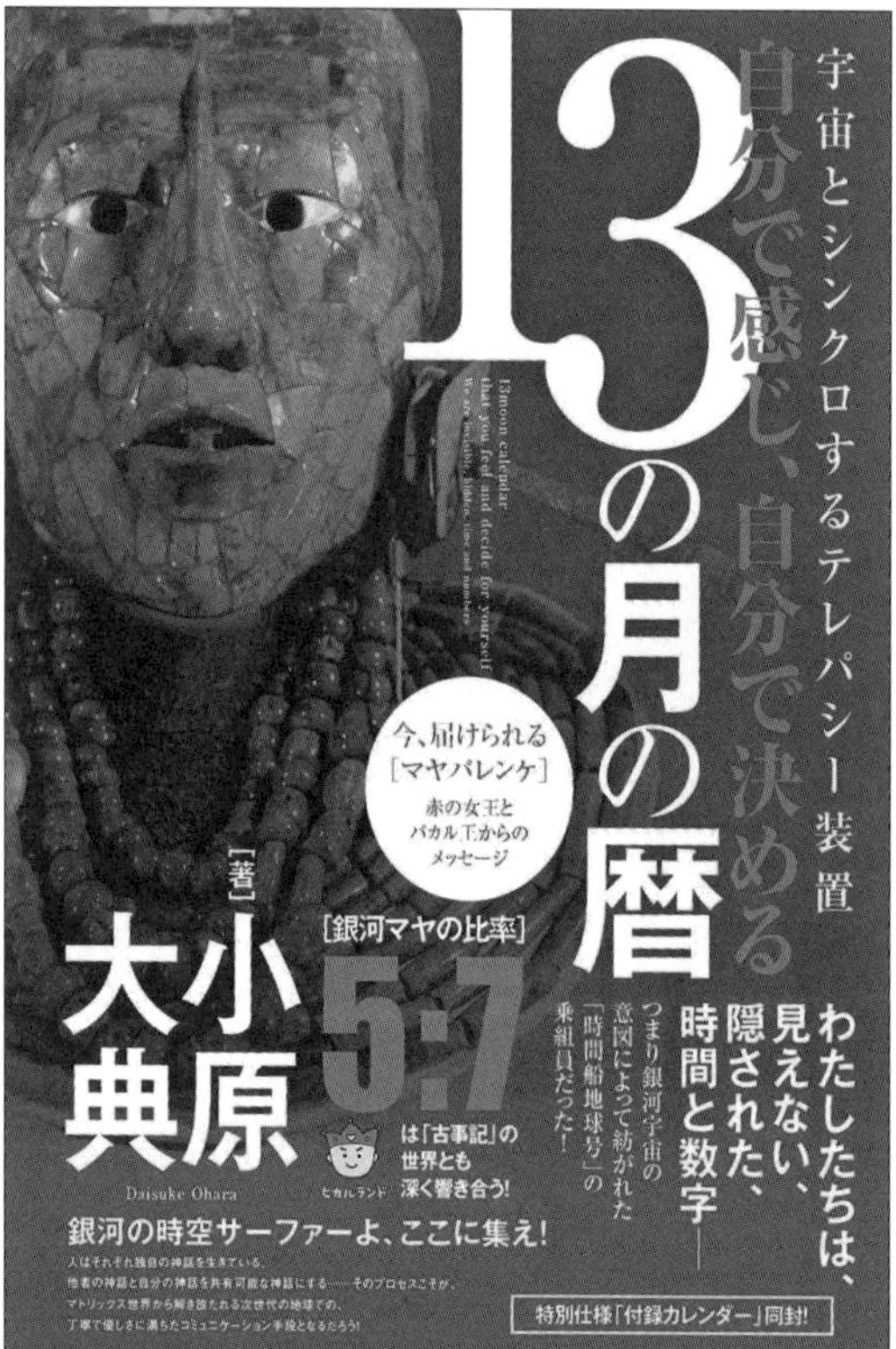

自分で感じ、自分で決める
13の月の暦
著者：小原大典
A5ソフト　本体3,300円+税

銀河のビーム　マヤツォルキン
著者：秋山広宣
四六ソフト　本体2,000円+税